知将 岡田彰布

「勝つ力」にあふれた33のメッセージ

スポーツニッポン新聞社・編集委員
内田雅也

ビジネス社

はじめに

本書は阪神タイガース・岡田彰布監督が発した言葉を解釈した内容になっている。

阪神を18年ぶりのリーグ優勝、38年ぶりの日本一に導いた岡田監督は戦略や戦術に優れた現代の知将である。みなぎる「勝つ力」は、その独特な言葉から読み解くことができるのではないか。監督就任からキャンプ、オープン戦、公式戦、クライマックスシリーズ、日本シリーズ、オフシーズン……と追い続けた野球記者として、言葉に込められた意味や狙いを探ろうと迫った。岡田野球の真髄に触れようと試みた。

岡田さんは生粋の大阪人で、完璧な大阪弁を話す。正直で飾らず、媚を売らず、忖度もしない。歯に衣着せぬ物言いは実に魅力的である。茶目っ気や愛嬌もあり、ファンが親しみやすい。ネット上や新聞紙上でよく読まれている。平易な言葉で端的に物事の核心を突き、スポーツ紙の見出しになりやすい。

言葉を聞いた場所はいろいろだ。試合や練習後の会見、移動中の立ち話もあれば、夜に店やホテルの監督室でビールや焼酎を飲みながら聞いたものもある。直接ではなく、聞いた者から聞いた伝聞もある。流行語大賞を取った「アレ」のように世間に広く知られた言葉もあれば、これまで表に出ていなかった言葉もある。また、前回２００４～08年監督当時や評論家時代に聞いた話も盛り込んだ。

集まった言葉たちは33のメッセージとなった。リーダーとしての心のあり方がある。選手の育成や指導といった育て方、教え方がある。自然とあふれ出た生き方がある。もちろん、戦略・戦術論といった戦い方がある。５つの章に分けてはみたが、メッセージの多くは多元的で、重なりあった方法を示している。

優勝後、選手たちは岡田監督について口をそろえ「監督は自分たちをよく、みてくれている」と語っていた。この「みる」に真髄がある気がする。単に「見る」だけではない。「観る」「視る」でよく観察し、「診る」「看る」で指導や助言をし、「覧る」で大局観や長期的戦略に立ち、「察る」で来たるべき展開を予測する。

「カンコウスイドウ」である。作家・藤本義一氏（故人）が何度か書いていたし、同氏と交流の深かったイラストレーター・成瀬國晴氏からも教わった。物事を「みる」４段階をいう。ありのままにみる観察、なぜそうなるのかを考える考察、次はどうなるかを推察、全体を見渡し深く知る洞察。四察ともいうそうだ。

選手たちが「え？　と思うような作戦や用兵がズバリ当たる」「まるで予言者」「未来から来たんじゃないか」……と驚く采配は、この察する能力にある。深くみたうえで話した言葉には当然深みがあるわけだ。

阪神が日本一となるのは、スポーツニッポン新聞社（スポニチ）に入社した1985（昭和60）年以来だった。日本列島をフィーバーに巻き込んだあの頃、駆け出しの野球記者として、流行語にもなった「トラキチ」が歓喜する甲子園球場ライトスタンドや集まる店を取材して回った。トラファンのページを担当していた。あの1年生当時を思い返し、長い空白期間を実感する。

岡田さんに初めて会ったのは、阪神担当（トラ番）となった1988（昭和63）年1月だった。シーズン途中で2軍落ちした掛布雅之氏は同年限りでそのまま引退、ランディ・バース氏もシーズン途中に退団した。前年87年は球団史上最低勝率での最下位。85年日本一メンバーは次々と衰え、いわゆる暗黒時代の入り口にあった。残された格好の岡田さんは孤軍奮闘していた。トラ番として取材し、「主砲」と冠をつけてよく原稿を書いた。野球が好きでたまらず、「野球小僧」がそのまま大人になったような立ち居振る舞いが楽しく、そのまま原稿になった。以来、交流は36年になる。

編集委員となり、2004年から『猛虎戦記』、07年からは『内田雅也の追球』というタイトルでコラムを書き、今も続いている。高校野球や日本シリーズで他球団も書いたが、ほとんどは同行取材する阪神について書いてきた。本数を数えたことはないが、3000本はゆうに超えている。

岡田さんは激情家で感激屋だった。涙も何度か見てきた。阪神から戦力外通告を受けた1993年、甲子園球場でのシーズン最終戦。代打で阪神現役最後の打席に立った時には「涙でボールが見えんかったんや」と聞いた。阪神コーチとなった2003年の日本シリーズ第4戦。サヨナラ本塁打を放った金本は三塁を回る際、ベースコーチの岡田さんが泣いていたと明かした。阪神監督として最大13ゲーム差を逆転され優勝を逃した2008年。すでに引責辞任を表明して臨んだクライマックスシリーズ（CS）ファーストステージ最終第3戦で敗れた後、スタンドの「オカダ・コール」に呼ばれ、監督室からグラウンドに戻った。選手たちから胴上げされ、涙にくれた。

評論家時代には阪神で監督交代がある度、岡田さんへの声がかからず、ともに苦い酒を飲んだ。2023年の優勝達成時にはそんな過去がよみがえり、感慨深く美酒に酔った。

涙はなくとも、岡田さんが心で泣いているのはわかった。

野球は失敗のスポーツと呼ばれる。3割打者でも10回中7回は失敗する。痛恨のエラーや魔の一球といった敗戦がいくらもある。そんな、つらい失敗や敗戦をいかに乗りこえ、生かしていくか。そこが人生に似ている。ならば、野球を極めようとする岡田さんの言葉は人生にも通じているはずだ。一般社会やビジネスにも通用する考え方や哲学が潜んでいる。阪神ファンや野球ファンに限らず、老若男女、多くの方々に読んでいただきたい。

取材した関係者や引用した文献の著者には敬意を抱きながら、本文中では敬称を省かせていただいた。

❖

❖

本書は「阪神タイガース承認」となっている。阪神球団としては、球団商標や選手肖像の使用を含めた本書の出版を承認しているものの、記載された内容は取材に基づく個人的な意見、見解であり、球団の認識や考えを示すものではないことを付記しておく。

知将　岡田彰布——目次

Ⅱ 知力の野球

Ⅲ 「当たり前」に伝える

Ⅳ 現場で育てる

V

暮われる振る舞い

I

言葉の力

岡田彰布（おかだ·あきのぶ）

1957（昭和32）年11月25日生まれ。大阪市出身。北陽高（現関大北陽高）－早大。東京六大学リーグ通算打率、打点は今も最高記録。ドラフト１位で80年、阪神入団。同年新人王。85年、５番·二塁手でリーグ優勝、日本一に貢献。ベストナイン、ダイヤモンドグラブ（現ゴールデングラブ）賞受賞。94年オリックスに移籍し、95年限りで現役引退。96年からオリックス２軍助監督。98年、２軍助監督兼打撃コーチで阪神復帰。99年２軍監督。2003年１軍コーチ。04年監督に就任。05年リーグ優勝に導いた。08年辞任。10～12年オリックス監督。阪神監督に復帰した23年、18年ぶりの優勝、38年ぶりの日本一に導いた。

アレ

阪神優勝、日本一によるフィーバーで「アレ（A.R.E.）」は関西を中心に流行語になった。「新語・流行語大賞」の年間大賞に選ばれた。２０２３年12月1日、東京での表彰式に出た岡田は「勝利監督インタビューよりうれしい」と笑顔を浮かべた。

事務局は選出理由について「岡田監督の言葉の力は人を動かす」と称えた。「本質をついた飾らない昭和の野球人的な率直な話しぶりに、タイガースファンはすぐさま反応。〝そら、そうよ〟など〝そら〇〇〟タオルを振って球場を盛り立てた。〝アレ〟効果で関西ダービーの熱戦は関東にまで熱く届いた」

岡田は受賞スピーチで「アレ」の意味を語った。「1年前に15年ぶりにタイガースのユニホームを着て、優勝のプレッシャーをはねのけるために『アレ』と言いました。もう1

つは『コレを取って』というと手が届くが、『アチラ』というと遠い感じがする。タイガースはこの3、4年、2位や3位で、もう少しで優勝なのに最終的には負けてしまっていました。そういう意味で『アレ』というのは、もう少しで何かにたどりつくという意味が加味されると思いました」

「アレ」が表に出たのは2022年10月16日、大阪・西梅田のザ・リッツ・カールトン大阪で開かれた監督就任会見だった。お決まりの「優勝宣言」を聞き出そうとするテレビ局のアナウンサーの問いかけに対し、岡田は「〝優勝します〟とは僕はよう言わないですけど」と前置きして、言った。

「ずっと優勝は〝アレ〟としか言っていなかったんで。はっきり〝優勝します〟とか、よう言わないですけど、まあね、シーズン終わるころには楽しみにしてもらったらいいと思います。期待感はありますけどね、当然」

これが火が付く端緒となった。「アレ」はSNSなどで一気にファンの間で広まった。球団は「アレ」流行の兆しを目の当たりにし、チームスローガンも「アレ（A.R.E.）」に定め、12月17日に発表した。「個人・チームとして明確な目標（Aim）に向かって、野球というスポーツや諸先輩方に対して敬いの気持ち（Respect）を持って取り組み、個々がさらにパワーアップ（Empower）することで、最高の結果を残していく」と趣旨を説明している。「エー・アール・イー」と読ませるらしいが、岡田の「アレ」に乗っかったことは明白だった。

❖ ❖

この「アレ」を「ARE」とローマ字で書き、「Aim」（目標・狙う）、「Respect」（敬意）、「Empower」（力を与える）の頭文字を考え出したのは岡田の妻・陽子だった。小学生時代から大学まで6年間をカナダで過ごした陽子は英語に堪能で、球団と相談のうえ、助言していた。

年が明けると、甲子園球場に隣接する甲子園素盞嗚《スサノオ》神社に初詣したファンが書いた「今年はアレを」という絵馬があふれていた。球団仕事始めの年頭あいさつでも球団社長・百北幸司が「今年こそアレを」と役職員を前に訓辞した。球団は「アレ」に関する商品を開発して発売、まさに

A.R.E.
Aim! Respect! Empower!
2023
HANSHIN Tigers

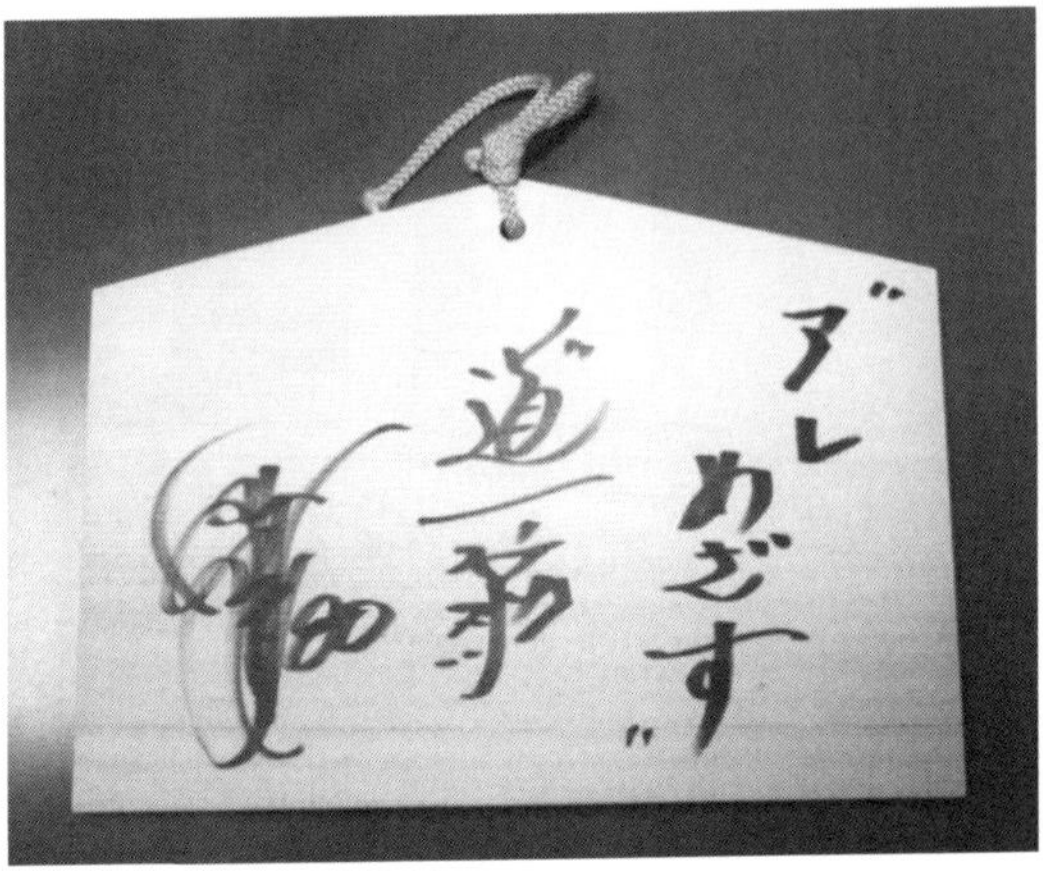

飛ぶように売れた。同様に、岡田の口癖「おーん」、「そらそうよ」グッズも発売した。

2月1日、沖縄・宜野座村野球場でのキャンプインであいさつした岡田は「なかなかアレにたどり着けない日々を送ってきたわけですが、このユニホームを着た以上はアレに向かってキャンプからスタートしたい」と「アレ」を連呼して、スタンドから喝采を浴びた。短い1分間ほどのあいさつに9度も「アレ」を盛り込んだ。3月2日、チームで西宮神社への必勝祈願に訪れた際、岡田は絵馬に座右の銘の「道一筋」とともに「アレめざす」と書き込んだ。

「優勝」とズバリ言わず、婉曲に表現した慎み深さがある。ただ、今回、岡田が優勝の隠語として「アレ」と言い換えたのは、過去の経験によっている。

オリックス監督1年目の2010年、開幕ダッシュには失敗したが、セ・パ交流戦で巻き返しに出ていた。交流戦優勝も見えてきたとき、番記者は「優勝」への言葉を引き出そうとするが、岡田は全く応じなかった。優勝を意識させせまいとする思いである。

「言うたら、おかしなことになるんよ。いらんこと言うたらあかん」

報道陣にも釘を刺し「優勝」を禁句とした。記者たちも「優勝」を問いかける際には「アレ」を使った。よく球場に観戦に訪れていた母親・サカヨも「言うたらあかん。アレやろ」、オーナー・宮内義彦まで「監督が言わないのにわたしも言いません。アレでしょ」と徹底していた。そして、見事優勝を果たした。オリックス球団は「アレしてもうた」と大きな文字がプリントされた交流戦優勝Tシャツを発売していた。

岡田には苦い経験があった。この2年前、阪神監督だった2008年、同じように交流戦で優勝争いをしたことがあった。終盤の6月14日、ミーティングで打撃コーチが「ここまで来たら、優勝しよう」と選手たちにハッパをかけた。岡田はすぐ「あかん」と感じ、そのコーチに「軽々しく優勝なんてことを口にするな」と注意した。「おまえが担当のバッティングだけでは勝たれへんのやぞ。いくら打ってもピッチャーががんばってもらわんといかん。10―9で負けることだってあるんやから」

すると、翌日のロッテ戦（千葉マリン）で本当に9点を取りながら、10点を奪われてサヨナラ負けを喫したのだ。交流戦初の連敗だった。結局、15勝9敗で勝率ではソフトバンクと並び首位だったが、「同率の場合は前年度上位チームが優勝」との規定で、優勝を逃していた。

さらに遡れば、阪神での現役時代、唯一の優勝を果たした1985（昭和60）年の記憶がある。開幕から優勝争いを演じたこの年、監督・吉田義男をはじめ、フロント陣も「優勝」を禁句としていた。吉田はマスコミから「優勝」と水を向けられても「挑戦」「一丸」と繰り返すばかりだった。選手へのミーティングでも同じだった。

この年の8月12日、球団社長（電鉄本社専務）・中埜《なかの》肇《はじむ》が御巣鷹山への日航機墜落事故で犠牲になる悲しい出来事があった。夫に先立たれた妻・トシを後に取材したことがある。「玄関で『行ってくるね』と言って出かけていったままなんです。羽田から飛行機に乗る前、『今から帰るよ。夕食は家でとるから』と電話がありました。ですから今でも『ただいま』と玄関に現れそうな気がして……」。胸に詰まる思いがした。

「主人は野球のことはほとんど話しませんでしたが、ある日『今年は秋にいいことがありそうだよ。あんまり口に出しちゃいけないらしいけどね』と話していました。わたしが『なあに？』と聞いても、ただ笑っているだけでした」

中埜も「優勝」とは口にせず「いいこと」を楽しみにしていたのだった。他界から2カ月後の10月16日、神宮で21年ぶりのリーグ優勝を果たした。「いいこと」は本当に訪れたのだった。優勝のウイニングボールは監督や選手たちがサインを寄せ書きし、中埜の霊前に供えられた。記念球はトシが2008年に夫のもとに旅立った後、甲子園歴史館に収められている。

❖　❖

今回、「アレ」が優勝を意味する隠語として広まったが、もともと関西人には「アレ」「コレ」といった指示語で会話する習慣がある。「おー、アレどないなった？」「アレですか。アレはうまいことやっときました」といった具合で話は成り立っている。当事者以外には何を話しているのかわからない。

岡田もしょっちゅう、「アレ」「ソレ」……と指示語だけで話していた。

前回、阪神で監督を務めた2004—08年、投手コーチを務めた中西清起は「アレが何を意味しているのか、すぐに分かるようにならないと、岡田監督の下でコーチは務まりません」と話していた。試合中、「次はアレよ」と指示がくる。ブルペンで「アレ」を準備させておかねばならない。試合に敗れた後、「アレをアレだけ言うてんのに、なんでアレさせせえへんのや」と言われる。どのアレがアレなのか、分かるようにならないといけない。

確かに、長く付き合っていると、「アレ」が分かってくる。今回はヘッドコーチに就いた平田勝男が岡田の言葉をよく理解し、コーチや選手たちに〝通訳〟していた。

18年ぶりの優勝を達成した9月14日の甲子園球場。優勝監督インタビューでお立ち台に上った岡田は「一応今日でアレは封印して、みんなで優勝を分かち合いたい」と語り、万雷の拍手と大歓声を浴びていた。

リーグ優勝は「アレ」だったが、日本一の隠語は決めてはいなかった。大リーグに渡っていた藤浪晋太郎がSNSで「ソレ」と提案していた。

9月末ごろになって、岡田は「アレのアレ」と話すようになっていた。日本シリーズも制した際には「〝アレのアレ〟を何とか達成できました」と話している。

さらに、オフシーズンになれば、連覇への期待が高まっていた。ある日、佐藤輝明が出演したテレビ番組で「アレ」と「連覇」を足した「アレンパ」と口にしていた。11月27日、尼崎市への優勝報告で岡田は「アレンパはちょっと思い浮かばなかった。初めて佐藤がスゴいと思った。これはなかなか大したもんだよ」と珍しくべた褒めしていた。

実は佐藤輝は2022年12月1日の契約更改後の記者会見で「アレ」について「優勝したら絶対、流行語なる」と予言していた。言語センスがあるのかもしれない。

こうして「アレ」は「アレのアレ」「アレンパ」と派生語も生み出した。オリックス時代は「インパクトがなかった」という「アレ」だが「ここまで広がるとは」と岡田のもとを離れ、大流行している。阪神ファンの間では末永く使われていくことだろう。

普通にやれ。

岡田は監督就任当初から「普通にやれ」と繰り返した。選手たちに高度な技術や難しいプレーを求めない。できることを確実にやるという堅実さを求めた。

プロ野球の元日と呼ばれる2023年2月1日のキャンプイン当日も、沖縄・宜野座村野球場で気負いなく普通に過ごした。「自然体と言うのかな。普通にやる。それが一番よ」と笑っていた。

たとえば、守備では内野手は取れる併殺は確実に取る、外野手は低い送球をカットマンに返す、打撃ではストライクを打て、投手は無駄な四球を与えない……といったことだ。「凡事徹底」と言えばいいだろうか。

岡田が現役時代、日本一となった1985（昭和60）年、監督・吉田義男が繰り返し話したのも「一丸」「挑戦」に加え「当たり前のことを当たり前にやろう」だった。吉田は「同じことを言い続けるのは案外つらい。しかし、あえて同じことを言った。それで選手が安心するからだ。監督を信頼することにもつながる」と語っていた。岡田が「普通に」と繰り返したのも、当時の経験が下地にあったのかもしれない。

「普通に」と臨んだキャンプでは特に中継プレーと二遊間の併殺練習を繰り返した。

現役時代二塁手だった岡田は「同じ併殺でも、二塁に入る者によって送球位置は変わってくる」と話していた。「二塁ベース上に投げるにしても、やや一塁寄りが投げ易い者がいれば、右肩近くが得意という者もいる。併殺の確実性を上げるには、選手同士でコミュニケーションを取って、繰り返し練習することしかない」。現役時代、遊撃手の平田勝男（現ヘッドコーチ）と連日、同じ併殺プレーの練習を繰り返した。

外野手の送球は基本的に「全球カット」とした。もちろん、1人で本塁や三塁に投げられる打球もある。それでもまずは「低い球でカットに返せ」と徹底した。「バックホームで走者を刺すことは大切かもしれんが、それよりも、送球間に打者走者や他の走者に余計な進塁を与えないことよ。1点は仕方ないが、2点目、3点目を防ぐことよ」。ここでも難しいことは言っていない。強肩ではなくても、できることを「普通にやれ」である。

投手が「ストライクを投げる」の第一の仕事だ。キャンプ序盤の2月5日、初めて投内連係が行われた。投手はまず捕手に投球してからノックを受ける守備動作に移る。この投球がなかなかの速い球で、しかもほとんどストライクだった。「オレが言ったんよ。投手コーチ通じてな。〝クイックをやり、しっかりした球でストライクを投げてこい〟とな」。当日のコラムで〈投内連係の「剛球」〉と題して、ちょっとした驚きを原稿に書いた。

通常、こうした練習の時は軽く投げ、投球のコースなどは問われない。この姿勢が岡田は不満だった。評論家時代、一緒にスタンドから投内連係や試合形式のノックで投手の投球を眺めていた。「あれ、見てみ」と岡田は言った。「ほとんどボール球やで。しかもだらっとしたボールでな。あれは練習のための練習よ。全く意味がない」と不満を漏らしていた。自身が監督となって行ったのは「実戦に即した練習」で「普通にやれ」と命じたことにほかならない。

打者への「ストライクを打て」も「普通」のことだ。別稿で触れているが、ボール球に手を出さないことで四球の大幅増、そして得点増につながった。

「普通にやれ」はこうした技術面以上に精神面でずいぶんと選手たちを楽にさせていた。「力を出し切れ」や「思いきっていけ」ではない。「普通に」である。いつもの自分の力を出せば、それでいい。結果や勝敗の責任は自分が負うという姿勢である。

❖　❖

今回、阪神が優勝したことで脚光を浴びることになった「普通に」だが、岡田は監督就任前、評論家時代から「普通に」とよく書いていた。ふだんからよく口にしていた。長男が大学受験に臨む前、父親として「普通にやればいい」と送り出した。本番で緊張するのは実力以上の結果を出そうとするからだ。もう実力があるのだから普通にやれば合格するよ、というわけである。長男は見事、難関国立大に入学した。

岡田は「普通に」生活してきたわけだ。いわば、生きるうえでの信条だった。もちろん、「普通に」やって勝つためには、それだけの実力がなければならない。だから練習を繰り返した。力がつけば、「普通に」やるだけである。

こうして臨んだシーズン、選手たちは「普通に」やり、普通以上の成果をあげていった。シーズン中の「普通に」語録を振り返ってみたい。

▽「(采配が)当たってと言っても、オレにしてみたら普通のことやろ。こんなの。コーチもすごいとか言ってたけど、いや、すごくない。普通やろ」(4月2日、打席途中

で出した代打・原口が本塁打を放つなど、采配的中で開幕3連勝）

▽「勢いだけじゃ勝たれへんで。きっちりと自分らの野球ができてるいうことちゃう？　先発が頑張って、バントとか決めたり。普通のセオリー通りに、そんな奇襲なんかしてないわけだから。当たり前のことを当たり前にできてるっていうことやろな」（5月28日、巨人3連戦3連勝、連勝を8に伸ばして）

▽「まあ、普通にやるよ、普通に」（5月30日、西武戦に勝ち、月間記録の19勝にあと1勝と迫って）

▽「いやいや、まあ、普通にいきます、普通に。意識せずにね」（6月3日、佐々木朗希との対戦を前に。翌日、攻略して勝利をもぎ取った）

▽「どういう感じって、普通にやるだけやん」（7月27日、広島との首位攻防戦を前に。3連戦は2勝1分けと圧倒した）

▽「今まで通り普通にやったら勝ちゲームやで。普通のプレーやってたらなあ、2点、3点防げてるよ、はっきり言うて」（8月15日、ミスが相次ぎ、広島に逆転負け）

▽「普通にやったら、負けへんなあと思ってるけど」（8月21日、最下位中日戦を前に）

▽「ムチを入れるって言うても、入れんでも逃げるやろ、逃げ馬は。だから、普通にみ

んなが自分の役割を果たしたらな」（8月24日、2位に7・5ゲーム差の現状に）

▽「変な負け方をせんかったらええやん。別に普通にやったら」（8月28日、長期ロードを終え、甲子園で練習）

もう、長期ロードを終えると、独走態勢は固まっていた。「普通に」ということばも必要ないほど、選手たちは「普通に」プレーし、勝ちまくった。9月14日に優勝を果たした。

▽「それにしても、昔と違って二日酔いの選手なんておらんよ。普通にやっとる」（優勝決定の翌9月15日、広島に移動。マツダスタジアムでの試合前練習を眺めながら）

▽「そんなん普通にやるだけやんか。別に変わったことやる必要ないし。1年間やって、みんなもう分かってることやから」（10月15日、クライマックスシリーズ〈CS〉ファイナルステージの相手が広島と決まって）

▽「普通になんかやる必要ない。普通になんかでけへんよ。緊張もするし、知らない相手。何が起きるかわからんよ」（10月27日、日本シリーズ開幕前日）

日本シリーズは岡田が予言した通り、想定外のミスもあるなかでの激闘だった。それでも最後は、より「普通に」できた阪神が4勝3敗で日本一を手にしたのだった。

「あわよくば」はいらんのよ

岡田が監督に復帰して迎えた2023年の春季キャンプでメニューから消えた練習があった。挟撃（ランダウン）プレーでの重殺である。

1死一、三塁。投前にボテボテの緩いゴロが転がる。1―6―3併殺は無理なので三本間で三塁走者挟撃となる。この間に一塁走者は二塁を回り三塁を狙う。この時、三塁への送球で先に三進を狙う一塁走者を刺し、再び三塁走者を挟殺する。2人とも走者を刺すわけである。

このプレーが練習から消えた。キャンプ中、何度も1死一、三塁、投前ボテボテが行われたが、選手たちは重殺を試みることもなかった。一塁走者の三進は許しても、三塁走者を三塁まで追い込んで1人をアウトにする。三塁上に2人の走者が立つ形を作るのだ。しかも、三塁には投げず、ボールを持ったまま追いこむように念を押していた。

岡田の方針だった。「リスクを減らして、確実にアウトを取るということです」と投手・岩貞祐太が話していた。「今まではアウトにすればOKで流していましたが、よりリスクを減らそうと」と送球よりも追い込む形を繰り返した。「チームで統一していきたい」と投手陣の輪で話し合った。

「ワン、シュア」とヘッドコーチ・平田勝男は説明した。「1つのアウトを確実に取れ。1人をアウトにすればそれでいい、というのが監督の考え。2つのアウトを狙って2人とも生かしてしまったり、ミスが出て失点したりしては元も子もない」

岡田はこうした「うまくいけば、2人ともアウトに」という「あわよくば」を嫌う。欲張りな姿勢には必ずリスクが伴う。難しいプレーよりも確実性、堅実さを重んじる。

「あわよくば」は「うまくいけば」「運が良ければ」「間がよければ」など、都合の良い未来を予測することを意味する。「マイナス思考」の岡田は、そんな願望や期待を抱くような楽観的な考え方はしない。

走者一、三塁での重盗封じの練習。捕手が守備陣にサインを出し送球先を伝達する。昨年まで①中継の二塁手、②二塁カバーの遊撃手（二塁手）への直送、③守備位置を動かない遊撃手（二塁手）と3カ所だった。この練習を見た岡田が「やっぱり、ピッチャー返しはいるやろう」と提案し、復活させた。投手への送球（返球）は最も距離が近く安全である。ある日の重盗阻止練習では、捕手のサイン発信は行わず「投手返し」ばかりを繰り返した。少年野球でも行う練習である。

「ピッチャーカットというのは――」と練習直後、選手たちを集めて岡田は意図を説明した。「――一、三塁を二、三塁にしてもええから、点をやらないということや」。1点もやらないという姿勢である。「あわよくば」三塁走者を刺したいという願望を殺している。一塁走者の二塁進塁を許しても「次の打者で抑えればいい」という指示である。

❖　　❖

「あわよくば」を狙った采配・作戦についても評論家時代からよく批判していた。よく例に出していたのが無死二塁での送りバントである。打者はバントをファウルして失敗。結果として四球で出た。打者はバント失敗が救われたと思っているかもしれない。ベンチは無死一、二塁と走者が2人になって好機が膨らんだと考えているかもしれない。だが「その考え方は間違っている」と言う。「監督は走者を三塁に進めたくてバントという作戦を選んだのだ。無死一、二塁となっても事態は進展していない。1死三塁を想定していた次の打者も困惑する」。得点できずに終わるケースが多いという。

「それに、無死一、二塁より1死三塁の方が1点が入る確率が高い」と話していた。状況別得点確率（少なくとも1点が入る確率）は、無死一、二塁60・4％、1死三塁62・9％だった。2004―13年のNPBレギュラーシーズンでの統計データで、鳥越規央の『勝てる野球の統計学』（岩波科学ライブラリー）にある。鳥越は統計学者で日本でのセイバーメトリクスの第一人者だ。

送りバントの有効性に懐疑的な見解も示しており、〈ここで無死一、二塁から1死二、三塁、無死二塁から1死三塁の得点確率の変化に注目すると、得点確率が上がっていることを確認できるだろう。つまりこれらのケースの送りバントに限ると、成功すれば得点確率は上がるというデータになっている〉と指摘している。統計学もセイバーメトリクスも興味を示さない岡田だが、状況によるバントの有効性は経験から肌で感じていたのだろう。

また、投手も打席に入るセ・リーグの野球では打順が下位に向かう時の作戦に監督の思考が現れる。回の先頭が7番打者で一塁に出た。無死一塁で8番打者だ。どうするか。9

番は投手で打撃は期待できない。このため、後で投手にバントさせるつもりで、8番にはまず打たせる。もし安打が出れば好機が広がる——というのが「あわよくば」である。

8番が凡退、投手もバント失敗で好機も作れずに無得点という裏目の結果が見える。普通は投手よりも野手の方がバントがうまい。まず8番に送らせるのが岡田の考え方だ。投手凡退を含め、「2死二塁から1番打者で勝負」というわけだ。

回の先頭が6番打者でも同じだ。7番に送らせる。8、9番凡退でも「次の回は1番から始まる」ので良しとする。

2022年、評論家として阪神をみていた岡田が「バントさせるべきだった」と指摘したケースがあった。4月17日の巨人戦（甲子園）で、1—3と2点を追う7回裏無死一塁で7番・梅野隆太郎に打たせ、初球を中飛と凡退し無得点に終わった。岡田は「バントで送り、相手に重圧をかけるべきだった」。

5月31日の西武戦（甲子園）では0—1の5回裏無死一塁で小野寺暖に強攻させ凡退した。岡田は「打順は8、9番と下がるが、9番まで回すイニングで良かった」と小野寺へのバントを主張していた。試合は0—2で敗れた。

自身が監督に就いた2023年、7、8番のバントがよく得点を生んだ。6月14日のオリックス戦（甲子園）の4回裏無死一塁で8番・木浪が送り、2死後、近本光司が右中間三塁打した。7月17日の中日戦（甲子園）では同じく8番・木浪が無死一塁から二度送った。9月8日の広島戦（甲子園）では無死一塁から7番・坂本誠志郎のバントが効いて追加点をあげた。リーグ優勝を決めた9月14日の巨人戦（甲子園）で結果的に決勝点となった4点目は7回裏無死一塁からの木浪のバントが呼んでいた。

2023年、阪神の打順別の犠打をみると、9番（投手）の43個が最多なのは当然として、次いで2番（中野拓夢）が22個、そして8番（主に木浪聖也）もほとんど同数の21個あった。7番の16個が続く。

木浪が出て投手が送り、近本が還すという得点パターンが目立ったが、実は木浪が送ったケースも多かったわけだ。「あわよくば」を嫌い、望まない岡田らしい傾向が出ていた。

グリーンライトは廃止や

午前10時、全体練習最初のウォームアップが始まると、グラウンドに懐かしい昭和歌謡のイントロが流れた。阪神キャンプ地の沖縄・宜野座村野球場。残していたメモによると、２０２３年2月21日、第5クールの最終日。最初の練習メニューに「ベースランニング」が組まれていた。

「街の灯りがとてもきれいね　ヨコハマ　ブルー・ライト・ヨコ～ハマ～」

いしだあゆみが歌った１９６８（昭和43）年12月発売のシングル『ブルー・ライト・ヨコハマ』である。１５０万枚を売った大ヒット曲だが、いつもの軽快なＢＧＭとは異なり、違和感を覚えた。チーム関係者に聞いてみると、選手たちから要望があり、裏方のスタッフが準備して流したのだという。さらに聞けば、前日、岡田が選手たちに「今年からブルーライトは廃止や」と言ったのだそうだ。

「ブルーライト？？？」となった。グリーンライトと言うべきところを岡田が言い間違えたのだった。選手たちは「ブルーライト」から『ブルー・ライト・ヨコハマ』を連想し、遊び心いっぱいに翌朝のＢＧＭに選んだらしい。外野芝生の上を歩きながら、いしだあゆみの歌声を耳にしていた岡田はどう思っていただろうか。それは聞かなかった。

このいきさつを聞いて、実にほほえましく思っていた。新学年を迎えた小学生がちょっと怖い担任の教師に内緒でいたずらを仕掛ける。もちろん、クラスのみんなは先生のことが好きで、ちょっとでも仲良くなりたいと思っている。そんな感じだろうか。

岡田は当時65歳。選手たちは最年長の西勇輝でも32歳で20代ばかりの若いチームだった。選手たちは現役時代スター選手で、前回監督時代は優勝に導いた新監督を怖れながら迎えていたはずだ。ところが、キャンプも終盤に差しかかり、案外親しみやすいことがわかってきた。グリーンライトをブルーライトと間違った件も笑い話にしようというノリが芽生えていたわけだ。選手たちと岡田の距離は確実に縮まっていた。

さて、このグリーンライトは青信号という意味である。

ＮＨＫのテレビ番組『チコちゃんに叱られる！』で数年前、「信号の緑はなぜ青信号？」という問題があった。確かに、信号機の色は赤・黄・緑なのに「青」と呼ばれている。なぜだろう。間違った大人たちをお約束の「ボーっと生きてんじゃねえよ！」と叱ったチコちゃんの答えは「新聞が青と報じてしまったから〜」だった。

１９３０（昭和５）年、東京・日比谷に日本で初めての信号機が設置され、その新聞記事には「青＝進め、黄＝注意、赤＝止まれ」と書かれていた。写真はモノクロで判別できず、記事にある３色が全国的に広まってしまったという。日本では昔から、青菜、青虫、青りんご……など、緑のものを青と呼ぶ文化があった。そんな理由もあるだろう。

信号機の色は世界共通で、国際照明委員会が赤・黄・緑と規定しているそうだ。だから、アメリカで青信号はグリーンライトと呼ぶ。確かにちょっと、ややこしい。青信号だからブルーライトと言ってしまった間違いも、さもありなんである。

グリーンライトは野球界でも使われる。第２次世界大戦中の１９４２年、大リーグで公式戦開幕見合わせが検討された際、「私は野球を続けることがベストであると心から信じている」と大統領フランクリン・ルーズベルトがコミッショナーのケネソー・マウンテン・ランディスに送った手紙は「グリーンライト書簡」と呼ばれる。大統領は戦時にあっても「野球は大切な娯楽だ」と、公式戦開幕にゴー指令の青信号を灯したのだった。

試合でのグリーンライトとは走者に対して、監督が灯す青信号、「進め」のサインである。つまり「いつ走っても構わない」と盗塁を選手の判断に任せることを意味する。

阪神では前監督・矢野燿大が常にグリーンライトを灯していた。「超・積極的」とうたい、失敗をとがめずに、どんどん走らせた。矢野在任中の2019年から22年まで4年連続リーグ最多盗塁を記録していた。

当時評論家だった岡田は「盗塁は数じゃないんよ」と話していた。「ここぞという時に走れるか。価値ある盗塁ができるかということよ」。そして「グリーンライトって、なんやねん？」と問い「盗塁フリー」の意味だと伝えると「オレが監督ならグリーンライトなんかせんんよ。盗塁はサインを出す」と話していた。

そして監督就任直後の2022年10月30日、甲子園での秋季練習中、番記者に向けて「グリーンライト廃止」と宣言していた。「盗塁を何個目標という数字はないよ。大事なところで走れんとあかんので。そんな、いつでも走っていいんじゃない。ホントに行ってほしい時に走れる、いいスタートを切れる選手じゃないとな」

「シーズンで50、60盗塁できるならわかるが、20や30でグリーン何とかはないわ」と話した。前回監督当時、グリーンライトを灯していた走者は赤星憲広だけだったという。赤星は新人の2001年から5年連続盗塁王に輝いた韋駄天だった。03年からは3年連続で60盗塁以上をマークしていた。そんな走者は今のチームにいない。22年まで3度盗塁王となった近本光司も盗塁数は30数個、21年盗塁王の中野拓夢も30個でタイトルを獲っていた。

監督就任時からのコメントがスポーツ紙やウェブ上の記事で伝えられ、選手たちの間にもグリーンライトではなく「盗塁はサイン」と広まっていた。だから、キャンプ地で岡田から直接「ブルーライト」と聞いた時にはもう、心構えはできていた。

盗塁に対するチーム方針が変わって迎えたシーズン、それでも阪神の盗塁や走塁の機動力は大きな武器だった。チーム盗塁数は79個で、前年から31個も減ったが、それでもリーグ最多だった。盗塁王となった近本が28個、中野は20個だった。

植田海、島田海吏、熊谷敬宥と控えに俊足走者がそろっていたのも強みである。岡田はキャンプイン前の1月25日、「1軍の戦力として確定しているのは島田、熊谷、植田やろう。開幕1軍入りは固いよ」と早々と開幕1軍切符を約束している。試合終盤の代走、守備固めとして重用する考えを示していた。

たとえば、植田は8月4日のＤｅＮＡ戦（横浜）で、1―2と劣勢の8回表、無死一塁で代走として出場。二盗を決め、2死後に同点の生還。さらに逆転劇を呼んだ。直後の8回裏には左翼守備に就き、先頭打者の左翼前ライナー性飛球を好捕、ピンチを未然に防いでいた。

❖　❖

サインとはいえ、盗塁は通常、走者が投手のモーションを盗めたり、いいスタートが切れたりした時に走る。そうでない場合は自重しても構わない。これに対して「次の球で走れ」と命じる「ジスボール」(this ball) のサインもある。岡田は時に「ジスボール」の盗塁で勝利を呼んでいる。

象徴的だったのは日本シリーズ第1戦（10月28日・京セラドーム）である。相手オリックスの先発は難敵の山本由伸だった。0―0の5回表無死、安打で一塁に出た佐藤輝明が続くシェルドン・ノイジーの初球に走ったのだ。二塁にヘッドスライディングした佐藤輝は悠々セーフだった。

あの盗塁はサインである。ジスボールではないが、佐藤輝の虚を突くような盗塁はシーズン中にも幾度か見たことがあった。7盗塁を記録している。

岡田は勝利監督インタビューで「まだ試合あるんで、ちょっと言えないですけどね」とさらりとかわした。その後、「中野がその前にアウトになってるから。あれでもう（盗塁は）来ないと思うやんか」と打ち明けた。中野が1回表、二盗で憤死していた。山本―若月健矢のバッテリーの油断を突くサインだった。

二盗で揺さぶった阪神は1死後、指名打者（DH）で先発起用した渡辺諒が詰まりながら中前先制打を落とした。木浪聖也が続き、2死後、近本、中野の長短打で大量4点を奪って、流れを引き寄せたのだった。山本から7点、6回途中で降板に追いやったのは佐藤輝の価値ある二盗が端緒だった。

グリーンライトが灯っていた赤星が盗塁のサインについて「監督の責任で監督が背中を押してくれると思って走ったらいい」と話していた。「僕もサインが出て〝えっ、盗塁？　でも、監督が出してくれているからいいや〟って思って走り、セーフになった時もありましたから」

なるほど、岡田がグリーンライトを嫌った、もう1つの理由は盗塁を失敗した時の責任問題だった。「失敗しても監督が責任を取る、という姿勢を明確にしたい」と話していた。

監督としての揺るがぬ覚悟が見える。たとえば、走者一塁で打者に作戦など示さず、いわゆる「打て」を指示していたとする。結果が内野ゴロで手痛い併殺打となっても平気である。「よく〝打て〟でもゲッツー打ったら〝考えて打て〟なんて言う監督がいるやろ。そんな勝手な話はないやろ。〝打て〟なら、打者は変に進塁打なんか考えずに思い切って打ったらええんよ。当然ゲッツーもあるよ。しかしホームランもあるわけやろ。〝打て〟はゲッツーも含めての〝打て〟なんよ」。結果責任は監督である自分が負う。だから盗塁も自分でサインを出す。岡田にしてみれば、当たり前のことだった。

最後に少し付け加えると、シーズン序盤は必ずサインで走っていた阪神だが、走者によって、グリーンライトは解禁されていったようだ。近本は7月まで盗塁15個だったが、8月は5日DeNA戦で3盗塁するなど一気に8個をマークした。岡田の盗塁サインの頻度が増えたのか、近本の盗塁への信頼度が上がったのか。試合展開や状況によって、グリーンライトが常時点灯していることもあったと推測している。

0か100かというゼロサム思考ではなく、岡田にはちょうどいい塩梅を見定める柔軟な思考がある。たやすく白黒をつけない大阪人の才覚だろう。

負けてもええよ

開幕は独特の緊張感に包まれる。野球記者になって40年になろうとしているが、あのピリピリしたムードは昔も今も変わらず、肌で感じるほどに伝わってくる。

開幕前日、打者なら「今年は1本もヒットを打てないんじゃないか」、投手なら「打たれるんじゃないか」といった不安に襲われる。スーパースターの王貞治や江夏豊が語っている。

2023年3月30日、阪神は開幕前日の練習を京セラドームで行った。球場のすぐ横を流れる道頓堀川、尻無川の畔では桜が満開に咲いていた。やわらかな春の日差しに銀色のドームの屋根が輝いていた。だが、屋根に覆われた球場内に春の陽光は届かない。スタンドには誰もなく静まりかえっている。グラウンドには緊張と重圧がみなぎっていた。

そんななか、多くの報道陣の前に立った岡田は「負けてもええよ」と言った。なかなか開幕を直前にした監督からは聞かれないことばである。

「ええんよ、別に。選手たちがヒット打ったり、守備でいいプレーしたりして自信をつけて、1年でどれくらい伸びていくか。そういう楽しみの方が勝ち負けよりも大きいよ。自信つけてくれれば、1つ2つ負けてもかまへんよ。それを取り返せる力がついてくれたらええ」

1つ2つと言ったのは開幕カードのDeNA3連戦についてのことだ。3連敗だけは避けたいが、それよりも若い選手たちが自信をつけるプレーをする開幕になればいい。不安よりも期待が大きいと言いたかったのだろう。

当日のコラムは〈負けも受けいれる。〉と題して書いた。作家・重松清が〈プロ野球のペナントレースは長い。その長さがいい〉とエッセー集『うちのパパが言うことには』（角川文庫）で書いている。〈勝敗が日常の一部になる。勝てば喜び、負ければ悔しがる。ごく当たり前の感情の起伏が、シーズン中、あざなえる縄のごとく繰り返される〉。ファンは一喜一憂でいいが、当事者たちはたまったものではない。それでも岡田は「やらなしようがないんやから、何か楽しみ持ってた方がええやろ」と笑って見せた。負けもまた日常的なことなのだと平然としている。

先の重松は当事者の立場で〈プロ野球は、負けることの許されるスポーツである〉とも書いている。負ければ終わるトーナメント戦の高校野球など一発勝負の大会ではない。特にプロ野球はどんなに強いチームでもシーズン50敗はする。たとえば2022年優勝のヤクルトは勝率5割7分6厘、オリックスは5割3分9厘だった。勝率5割台での優勝などMLB、NBA、NFL、NHLといった米4大プロスポーツや欧州、南米のプロサッカーリーグではありえない。日本のプロ野球はそれほど僅差で争う激戦なのだ。

❖　❖

岡田の「負けてもええよ」は何も開幕カードに限らない。それがプロ野球ペナントレースを勝ち抜くために大切な姿勢なのだと心得ている。「勝負事は勝ち続けたらあかん」というのが持論である。

「10連勝したら、10連敗する気がする」と現役当時から感じていたそうだ。実際、プロ3年目の1982（昭和57）年、監督・安藤統男の下、6月下旬から11連勝したが、直後に8連敗を経験している。「勢いで勝つのを好まない」のだ。大型連勝中には選手起用に多少の無理や、とんでもない劇的な勝利も含まれている。「そんな勢いという不確定な要素はいらんのよ」。安定した勝ち方、そして負け方という戦い方を好む。

　これは勝負の世界では重要な姿勢だと言える。同じ勝負師、名人位にも就いたプロ棋士の米長邦雄が著書『運を育てる　肝心なのは負けたあと』（祥伝社文庫）で明治の文豪、幸田露伴の『努力論』を引用し、〈幸福に遭う人の多くは「惜福」の工夫のある人〉と記し、自身も実践していたそうだ。「惜福」とは文字通り福を惜しむことだ。花でも木の実でも十二分に咲かせ実らせれば、眺めもよく収穫も多い。しかし、それは福を惜しまぬ方法である。露伴は二十輪の花のつぼみがあれば七、八輪は摘み取る、百顆の果実なら実る前に数十顆を摘み去るのが惜福だと説く。「幸運は七度人を訪《と》う」とことわざにある。わずか七度である。〈幸運の調子に乗ってしまうのは福を惜しまぬのである。控えめにして自ら抑制するのは惜福である〉。岡田の考え方そのままではないか。岡田は自然と惜福の工夫をし、幸運や勝利の女神を引き寄せようと努めていたわけだ。

「負けてもええ」という発言は２０２３年のシーズン中、幾度も聞かれた。

　5月20日、広島戦（甲子園）は大竹耕太郎7回無失点、森下翔太サヨナラ打の１―０勝利だった。３連戦初戦を落とし、３・５ゲーム差と迫られた後の勝利に「今日勝ったことで明日負けてええよ。負けてもどうってことないやんか」と笑った。この発言で選手たちはリラックスしたのだろう。翌21日先発の才木浩人は7回途中1失点（自責0）と好投し、4―1で快勝した。

セ・パ交流戦を終え、リーグ戦再開前日の6月22日、横浜移動の新大阪駅では「明日、絶対勝つ必要もないやんか、別に。負けてもええやんか」と言った。予告先発でDeNAは今永昇太。「向こうの方がもっと勝ちたいやん」と余裕を見せた。このDeNA3連戦は3連敗で首位から陥落したが、すぐに返り咲いた。

7月27日には2度目の首位陥落。この時明け渡した相手は10連勝中の広島だった。ただ、広島は後に反動がきたようだ。一方の阪神は8月、恒例の夏の長期ロードも快調に勝ち星を連ねた。3日から13日まで16年ぶりとなる10連勝をマーク。16日には優勝へのマジックナンバー29を点灯させた。

長期ロード終盤の8月24日、久しぶりの甲子園での練習で、岡田は「できすぎや」と言い、冷静に戦いぶりを振り返っていた。「とてつもないことが起こっての勝ちじゃない。普通に戦っての勝ちが多い。めちゃめちゃ負けゲームをバーンと引っ繰り返したりとか……、そんなのはないやんか」。自身が嫌う勢いでの勝利ではなかったわけだ。

「負ける時もちゃんとして負けるって言うのかな。こっちがこけて負けているわけじゃない。相手投手が上の時も、投手が打たれる時もある。それはしゃあないけど、そういう負けはそんな応えへんで」

岡田はシーズン中、試合後の記者会見の後、「敗因を探ろう、言わそうとするからな」と記者団の質問に不満を漏らしたことがあった。誰々のどのプレーが問題だった式に答えては、いわゆる戦犯を指名することになる。岡田の信条の1つに「負け試合で戦犯をつくらない」がある。全員が全力で戦って敗れた試合なら戦犯などいない。投攻守走を含め凡ミスなき敗戦であれば、戦犯もなく、納得いく敗戦となる。尾を引かない敗戦なのだ。

現実に大勝ちの反動はなかった。8月末の3連敗の後、9月に入って11連勝で、優勝決定まで突っ走ったのだった。

「マイナス思考」を自認し「シーズン0勝143敗から考える」という岡田にとって「負けてもええ」ということばは根幹を成す考え方を表している。

オレが間違ったんよ。悪かったな。

2022年10月、阪神監督に復帰した岡田は周囲から「変わった」とよく言われた。年齢がいき、「丸くなった」というわけだ。かつてのように、コーチやフロント陣に怒り交じりの不満や批判を展開するようなことはなかった。昔を知る関係者はある意味、戦々恐々として岡田を迎えていたわけで、何か肩すかしを食らった気でいた。

11月、高知・安芸での秋季キャンプ、年が明けて2月、沖縄・宜野座での春季キャンプ、そしてオープン戦……と過ごすうち、関係者たちは皆、口をそろえて「まだ公式戦が始まっていませんからね」と言った。ある者は「まだ1敗もしていませんから」とシーズンに入って、試合に敗れた後を思って、警戒心を解かずにいた。

いざ開幕。3月31日、DeNA（京セラドーム）に6―3で快勝。翌4月1日は延長12

回、6―5でサヨナラ勝ちして連勝。2日も島田海吏の打席途中に代打に送った原口文仁が2ランを放つなど用兵が冴えて3連勝を飾った。

この2日の試合で岡田は「あれは、オレが間違ったんよ」と選手に向けて謝罪するコメントを残している。3―0とリードした7回表、1死一塁で先発・才木浩人に代えて、岩崎優をマウンドに送った。だが、岩崎は代打・戸柱恭孝に四球。代打・山本に右前適時打されて1失点。さらに2死後、宮崎敏郎に左中間フェンス直撃の二塁打を浴びて2点目を失った。同点の走者は見事な中継プレーで本塁上、生還を阻んだが、ヒヤヒヤする場面だった。

岡田は開幕2試合で連投していた岩崎を「本当は休ませようと思っていた」という。「ただ、ワンポイントでもええから岩崎は使いたかった。一番経験があるしな。あそこじゃなしに、左打者に対して、本当に大事な時にいきたかったんや」。失点したベテラン左腕にわびた。

関西のスポーツ紙は「岡田語録」として、自身が語った言葉がそのまま掲載される。ネット上にも載る。岡田の口癖の「そら、そうよ」や、多用する間投詞（でいいのだろうか）の「おーん」なども、そのまま話した通りに載る。岡田は直接詫びたわけではなく、マスコミを通じて、間接的に自身の用兵ミスを謝罪したうえ、岩崎をねぎらったわけである。

京セラドームの前、道頓堀川・尻無川の畔で桜は満開だったが、まだ肌寒く、季節は浅かった。開幕わずか3戦目で、阪神をはじめ、どのチームも自分のチーム状況、各選手の調子がつかめず、手探りの状態だった。岩崎は後に5月からクローザーとなり、セ・リーグ最多の35セーブをあげ、最優秀救援投手のタイトルを獲得している。だが、この時はまだセットアッパー、または中継ぎ左腕の1人という扱いだった。岡田のことばを読んだはずの岩崎は監督の配慮をうれしく感じたはずである。

❖　❖

この「オレが間違った」と自らのミスを認めるようなことばは、前回監督当時は聞かれなかった。関係者の1人が「あれは本当に言ったの？」と聞いてきたほどだった。丸くなった岡田の変わり身が表に出たわけだ。

この反省とも謝罪とも取れる発言はさらに続く。場所をマツダスタジアムに移しての開幕4戦目（4月4日）、広島に5—4で競り勝ち、開幕連勝を4に伸ばした。翌5日、試合が降雨中止となると、岡田から夕食の誘いがあった。広島で行きつけにしていたステーキハウスで会った。この時、岡田は「昨日（4日）、西に謝ったんや」と言うので「えっ!?」と声が出てしまった。「何やねん。ホンマの話や」と言う。

先発した西勇輝は7回途中、3失点で降板していた。4―3とリードは1点。8回裏、岡田が送り出した2投手が同点を許し、西の勝利投手は消えてしまった。この時、岡田はベンチにいた西勇に近づき「西、悪かったな」と言った。この時はマスコミを通じてではなく、直接、謝罪の気持ちを伝えたのだった。

西は「いいえ。次がんばります」とはっきり言ったそうだ。

岡田と西には浅からぬ因縁がある。岡田がオリックス監督に就いた2010年、菰野高から入団2年目の西を先発として使った。時には厳しい指導も行った。試合中にブルペンでの投球を命じたことがあった。5回途中、勝利投手の権利を得る直前で降板を命じたことが「3回ぐらいあったんちゃうかな」と岡田は言う。非情だという者もいたが、岡田には勝利への厳しさを植えつける思いがあった。

オリックス時代は勝利投手を剝ぎ取っていた西に、今度は与えようとしていたわけである。本人は否定するだろうが、非情から温情へ、長い年月が岡田を変えていた。

4月18日の甲子園。同じ広島相手に先発起用した西は好投を演じた。7回まで散発2安打、無失点。球数は100球を超えていた（103球）。ただ、味方打線も九里亜蓮の前にゼロ行進。7回裏1死、無走者で打席の回った西をそのまま打たせた。前回広島戦とは異なり、続投を命じた。さらに0―0が続いた8回裏のベンチでは岡田自身が西に歩み寄って言った。

「最後やし、行ってこい。白黒つけてこい」

何とか西に白星をつけてやりたいとの思いがにじんでいた。そんな岡田の思いが形となる。野球の神様は粋な計らいをする。

0―0の9回表2死二塁、西はライアン・マクブルームに適時二塁打を浴び、1点を献上した。そのまま投げきり、静かにベンチに帰ってきた。128球を投げていた。

その裏、ベンチ前列に出て声を枯らす西に、味方打線は奮起した。2死満塁から中野拓夢が左越えに逆転サヨナラ二塁打を放った。岡田のことば通り、最初は「黒」がついていたが、最後には「白」がついた。西にはシーズン初勝利が輝いていた。

もう、この頃には岡田の変身ぶりを疑う者はいなくなっていた。明らかに岡田は変わっていた。自身の誤りや間違いを認め、次に生かすような指揮官になっていた。

これは勝負師として成長した証しだと言える。

プロ棋士として、名人位にも就いたことがある米長邦雄が〈(幸運の)女神の判断基準は二つである。それ以外のことに彼女は目を向けない〉と断言している。著書『運を育てる　肝心なのは負けたあと』(祥伝社文庫)にある。

〈一つは、いかなる局面においても「自分が絶対に正しい」と思ってはならない〉と〈謙虚〉をあげる。素直な反省も幸運を呼ぶ道なのだ。

そして〈もう一つは笑いがなければならない〉。ヘッドコーチ・平田勝男が前回監督当時と比較して「岡田監督はベンチでよく笑うようになった」と話している。謙虚さと笑顔で、勝利と幸運の女神を引き寄せていたのである。

納得いかん！オレはもう引かん！

2023年の阪神優勝を語るとき、多くの関係者が節目という一戦がある。8月18日のDeNA戦（横浜）である。たとえば、ヘッドコーチ・平田勝男は優勝を果たした後、「間違いなくあの試合がターニングポイントになった」と話している。

監督・岡田彰布が審判団に猛抗議を行った試合である。

1―2と1点を追う9回表1死一塁。代走・熊谷敬宥が二盗を試みた。二塁塁審はセーフの判定を下した。直後、DeNA監督・三浦大輔がリクエストし、リプレー検証の結果、アウトに覆った。責任審判（三塁塁審）・敷田直人が「二塁ベースで走者と野手が接触していますが、走塁妨害とはいたしません」と場内放送で説明を行った。

この時、三塁ベンチを出た岡田が敷田のもとに向かった。リプレー検証後の抗議は認め

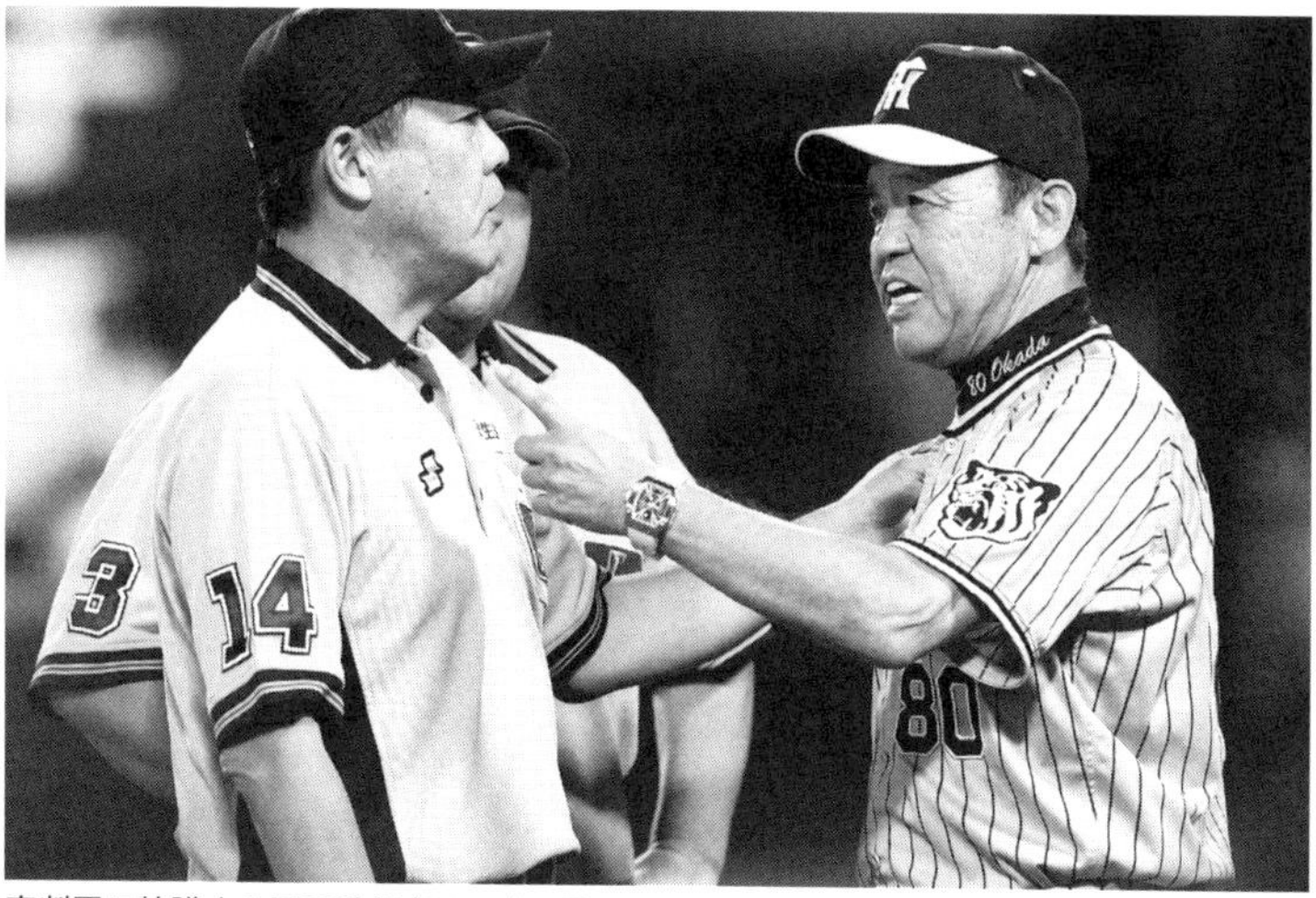

審判団に抗議する岡田監督（2023年8月18日、DeNA戦＝横浜スタジアム）

られていない。岡田も承知していた。「だから、場内放送がよく聞こえなかった、と抗議ではなく、説明を求めにいったんよ」

二塁上で、捕手からの送球を受けた遊撃手・京田陽太が両足でベースを包み込むようにふさいでいた。岡田は走塁妨害だと主張した。説明を求めるという穏当な口ぶりではない。目はつり上がり、鬼の形相で審判団に詰め寄った。この時、岡田の声が聞こえた。

「納得いかん！　オレはもう引かん！」

本来認められていない抗議で、しかも規定の5分間を超えていた。退場を宣告されても仕方ない状況だった。最後は平田が審判団と岡田の間に入って、取りなした。

平田は「監督は久しぶりにぶち切れてい

た」と驚いていた。試合中、常にベンチで岡田の近くにいて、その喜怒哀楽を感じ取る。そ時折漏らす選手への叱責や愚痴をうまく〝翻訳〟して、担当コーチや選手に伝える。そんんな番頭の役割を担う。その平田が驚くほど「目がつり上がっていた」。

「でも、ああいった緊張感がないとダメなんだ。選手たちにも伝わったと思うよ。勝利への執念というかね」

長く阪神タイガースを追い、同行していると、その時々のチームの空気を肌で感じることになる。この時は少し緩んでいた気がする。

2日前、8月16日にマツダスタジアムで広島に勝ち、優勝へのマジックナンバー29が点灯していた。17日は敗れ、この18日は朝、広島から横浜まで新幹線で長い移動してのナイターだった。夏の長期ロード中盤、疲れが出るころでもあった。

それ以上に、チーム内にマジックが点いて「優勝できる」という油断が芽生えようとしていた。この試合は結局、1―2のまま敗れるのだが、それでも2位・広島に7ゲーム、3位・DeNAとは9ゲームの大差がついていた。選手たちやコーチ陣は誰もが否定するだろうが、平田が話したように「緊張感」はやや欠けていたのは確かだろう。トラ番と呼ばれる阪神担当記者たちは、優勝に向けた企画が具体化していき、その締切（つまり、優勝Xデー）までの時間を逆算し始めていた。どうも落ち着かない空気が漂っていたのは間違いない。

そんな空気を察して、平田は「監督の勝利への執念をあらためて感じた。あそこからもう一度ギアを上げることができた」と振り返った。ただ、岡田自身には「空気を引き締める」「勝利への執念を見せる」といった打算的な考えなどない。目の前で起きたプレーに対し、是々非々で直言する。時には直情的で無鉄砲なところがある。

❖　❖

そして平田は「あの猛抗議を思い出したよ」と話した。当時を知る多くの者が同じことを考えていた。岡田が前回、阪神監督として優勝を果たした2005年9月7日、中日戦（ナゴヤドーム＝現バンテリンドーム）である。

首位にいたが、2位・中日に2ゲーム差と迫られて迎えた天王山。度重なる判定への不満がドラマを呼んでいた。

2－1の9回表2死満塁。代打・関本賢太郎の右前打で三塁走者に続き、二塁から代走・中村豊が本塁を突いたがアウトの判定。岡田は審判団に詰め寄ったが、判定は変わらない。

3―1となって迎えたその裏、クローザー久保田智之が無死二、三塁のピンチを背負った。ニゴロを捕った関本が本塁送球したが、セーフの判定。ベンチを飛びだした岡田は猛烈に抗議し、審判団に詰め寄った。審判に手を触れれば暴行で退場処分となると察したヘッドコーチ・平田が間に入り、身代わりの形で退場処分を受けた。

さらに岡田は選手たちに「ベンチに帰るぞ」と言い、引き揚げさせた。放棄試合にもなりかねない事態に、球団社長・牧田俊洋がベンチ裏まで出向き「岡田監督、なんとか試合を再開してください」と頼んだ。放棄試合ともなれば、弁償金として3億円を支払うことになると訴えた。

岡田は後に「罰金の10万円なら払うけどね。いくら責任取る言うても、3億とはなあ……」と振り返った。2023年の抗議で「オレはもう引かん!」と話したが、18年前の3億円の件は「頭にあったよ」と冷静さも持ち合わせていたようだ。

結局、18分間の中断の末、試合再開。この後にドラマが待っていた。犠飛で同点とされた後、中飛を赤星憲広がまさかの落球。1死満塁とサヨナラ負けの大ピンチを背負った。岡田はこの時、監督として初めて自らマウンドに歩んだ。久保田をはじめ、集まった内野陣に言った。

「もう、むちゃくちゃやったれ！　打たれたらええ。こんなんで負けても、お前のせいやない。責任はオレが取る」と言った。「全部インコース行け！　ぶつけても構へん。負けてもオレが責任取るんやから」

奮起した久保田は本当に内角速球ばかりで代打・渡辺博幸、タイロン・ウッズを連続三振に仕留め、ピンチを脱出した。

試合は延長11回表、代走であの本塁憤死を喫していた中村豊が左翼席に3年ぶりの本塁打となる決勝ソロを放ち、久保田が最後まで投げきった。ヒーローインタビューで中村豊は「岡田監督、ナインが打たせてくれた」と話し、捕手の矢野燿大は「開き直った分、チームが一つになれた」と振り返っていた。敗れた中日監督・落合博満は試合後、「監督で負けた。以上」とだけ話した。岡田の執念を感じ取っていたのだろう。

❖　❖

さて、2023年の猛抗議には後日談がある。翌19日、試合前、本塁をはさんで行われる両監督のメンバー交換で、恒例となっている審判団との握手を岡田は拒んだ。20日の試合前、日本野球機構（NPB）セ・リーグ統括の杵渕和秀が横浜を訪れ、球団本部長・嶌村聡、そして岡田と会談している。阪神球団は19日、連盟に意見書を提出しており、その回答を示していた。

18日のアウトの判定については審判団の判断を尊重、支持するとしたうえで、杵渕は「ベースが塞がれて走者に不利益がある。コリジョン（衝突防止）ルールは本塁にはあるが、他のベースにもあるのではないか」と話した。岡田は「当然やろ」と満足げで「日曜日に連盟幹部が足を運んできたからな」と誠意を感じ取っていた。試合前には審判団とも握手を交わした。

9月4日のNPB実行委員会では、同様のケースでは今後、走塁妨害を適用することもあるようにルール変更が行われた。「ブロッキングベース」の名で5日から運用された。極めて異例と言えるシーズン中のルール変更だった。

大リーグには内野ゴロで一塁走者が二塁上で走路を外れ、野手に向かってスライディングする「併殺破壊」の危険な走塁には、自動的に併殺を宣告するルールがある。1970年代に活躍したハル・マクレーの激しさは有名で「マクレー・ルール」と呼ばれる。

今回のルール変更も、そのうち「岡田ルール」と呼ばれることになるかもしれない。

II

知力の野球

赤とんぼがおらんのよ

恒例の夏の長期ロード終盤の8月24日、チームは本拠地・甲子園球場で全体練習を行った。前日23日、全国高校野球選手権大会決勝が行われ、慶応（神奈川）が仙台育英（宮城）を破り、実に107年ぶりの優勝を決めていた。

その日は東京への移動日だった。岡田はふだん、シーズン中の練習には顔を出さない。ところが監督付広報の藤原通から前日に「明日は何時ごろ甲子園に行かれますか」と問われ、「つい、10時に行くわ、と答えてしまったんや」と苦笑いしていた。当時は4連勝中で、2位・広島に7・5ゲーム差をつけて首位を快走。すでに優勝へのマジックナンバーを23としていた。高まる優勝機運に自然と足が向いたのかもしれない。「初めてのことよ」と自分でも驚いていた。「長い監督生活でシーズン中の練習に出たのは初めてよ」

岡田も選手たちも甲子園の土を踏むのは広島戦を戦った7月30日以来、25日ぶりだった。午前10時から約2時間、練習を見守った後、トラ番記者たちに「今が一番強い」と「アレ」への手応えを口にして上機嫌だった。

東京へ移動したその日、夕方に水道橋の焼き鳥店で待ち合わせていた。評論家時代、岡田が見つけ、行きつけにしていた店である。雑踏のなかを岡田は1人で歩いてやってきた。人気チーム・阪神の監督が街中を歩いていてはファンに取り囲まれたりしないものかと心配にもなるが「全く大丈夫よ」と意に介さず、ゆっくりと歩いてきた。

生ビールで乾杯し、岡田が最初に言ったのは、久々だった甲子園の感想だった。

「赤とんぼがおらんのよ」

実に岡田らしい感覚である。長い阪神の取材生活で、赤とんぼのことなど話題に出した監督など今までいなかった。

例年、高校野球夏の甲子園大会が中盤に差しかかる終戦の日のころ、甲子園球場のグラウンドには赤とんぼが舞い始める。甲子園の北側に位置する六甲の山から里に下りてくるのだ。岡田の自宅がある西宮の山手の方ではすでに赤とんぼが見えだしていた。

ところが、海にほど近い甲子園では近年の猛暑、酷暑でまだ赤とんぼの姿がなかった。

岡田が阪神で指揮を執るのは２００８年以来15年ぶり。前年までの評論家生活では分からなかった近年のグラウンド上の変化を肌で感じとったのだろう。そしてまた、グラウンドに群舞する赤とんぼと再び出会うのを楽しみにしていたのかもしれない。

❖　❖

花鳥風月と言うべきか、岡田はこうした野球に関連した自然現象に敏感である。「五感を磨けば第六感が働く」と言ったのは、甲子園大会で春夏連覇もした興南高（沖縄）監督の我喜屋優だが、勝負勘が鋭い岡田は五感もよく働いているのだろう。

甲子園球場のグラウンドを管理する阪神園芸の甲子園施設部長、金沢健児は「岡田監督と話す時は緊張しますね」と言う。「神整備」と言われるグラウンドキーパーのリーダーである。「現役時代から天気や土に本当に詳しいんですよ。だからいい加減なことは言えません。グラウンド状態について、いつ、何を聞かれても答えられるようにしています」

岡田はプロ入り後、二塁手が本職だったが、内野手も外野手も務めている。当時から、甲子園のグラウンドには人一倍敏感だった。

このグラウンドへの執着は早大時代に鍛えられたと言える。「１億円もろうても嫌や」

という、地獄の軽井沢合宿。北陽高（現関大北陽高＝大阪）から進み、1年生から試合に出ていた岡田は最初の1週間で13キロもやせた。連日、文字通り1000本ノックを受けた。上級生が守備練習中、バウンドがイレギュラーすれば、「集合」がかかり、制裁が待っていた。だからグラウンド整備は必死で「鏡のようにきれいにした」という経験があった。

甲子園の土に通じている岡田の知力が発揮されたのが5月21日の広島戦（甲子園）だった。19日からの3連戦最終戦、日曜日のデーゲームだった。試合前、岡田はコーチや選手たちに「今日はグラウンドが硬い。打球がよく跳ねるぞ」と注意をうながしていた。

だから、1点リードの終盤8回表の守り、1死一塁で代打・堂林翔太の放った強いゴロを三塁手・佐藤輝明は好捕できたのである。2バウンド目で高く跳ねたのだが、佐藤輝は予測していたように少しだけ半身になり、体を後方にそらして捕球したのだ。5―4―3と渡る併殺を完成させ、ピンチを未然に防いだのだった。

「こんな日の甲子園の内野守備は難しい。だから、菊池でも……なあ」

この試合、前年まで10年連続でゴールデングラブ賞を獲得していた名手、広島二塁手の菊池涼介は3回裏先頭、やや二塁ベース寄りのゴロを弾き、シーズン初失策を記録していた。阪神はこの先頭打者出塁を生かしてバントで送り、2死後、中野拓夢の適時打で先取点をあげていた。内野手のバウンドへの対応が勝敗の明暗を分けていた。

岡田は試合後、佐藤輝の守備を「よく捕ったよ」とたたえ、勝利の陰のヒーローにあげていた。

なぜ、岡田は「今日のグラウンドは硬く、打球は跳ねる」と分かっていたのか。

この広島3連戦の前、中日戦で名古屋に遠征中、岡田は阪神園芸に「シートを掛けておくように」と依頼していた。3連戦初戦前日の18日から19日にかけての雨予報を知り、甲子園の内野にはシートが敷かれていた。

「だから、土はあの2日間の雨を吸っていないんよ。同じ水でも（ホースで）撒く水と（雨が）降った水では全然違う。どうしても土の中の水分が足りなくなる。だから硬くて、打球が跳ねるんよ」

この話を金沢に伝えると「さすが、岡田監督ですね」と舌を巻いた。「通常の撒水で土に与えてやれるのは雨量に換算すると1ミリ程度にしかなりません」。また、試合前に行う撒水で「呼び水」という現象が起きる。「ナイターであれば、撒水が呼び水となって下層に含んでいる水を吸い上げてきます。しかしデーゲームだと表面が濡れるだけで、それもすぐに乾いてしまいます」。打球が高く跳ねるなどイレギュラーバウンドに気を遣うグラウンドキーパーである。「ですから久しく雨の降っていない時のデーゲームは冷や冷やして（試合を）見ています」。岡田は「神整備」の職人のように、土を知っていたわけだ。「土の声を聞け」とは、「甲子園の土守」と呼ばれた名物グラウンドキーパー、藤本治一郎から伝わる整備の極意である。岡田は土と対話できる選手、そして監督だった。

だからこそ、グラウンドへの注文も出す。岡田が内野守備走塁コーチを務めていた2003年のシーズン中、金沢に「一塁走者がスタートを切る5～6メートルの所の土を硬くしてほしい」と要望している。俊足走者の赤星憲広が盗塁をしやすいようにという配慮だった。赤星は「人工芝と土では天と地ほど違う」と話している。人工芝の方が走りやすいのだ。岡田の進言もあり、甲子園でスタートダッシュがきくようになり、赤星は5年連続で盗塁王を獲得している。

岡田と再会した金沢が「さすが」と思ったのは、監督に復帰して初めて沖縄・宜野座村野球場を訪れた2023年2月1日、キャンプインの朝だった。岡田はベンチから選手たちがウォームアップを行う外野まで歩いたのだが、この時、ヘッドコーチの平田勝男に「内野、深いな」と言ったのだ。内野の土の部分が以前より広いというのである。金沢に確認すると、確かに以前より3メートル幅で広くなっていた。金沢は「スタンドや記者席から見ただけでは絶対に気づきません。今まで指摘されたことなんてありませんでしたから。岡田監督の長年の勘でしょうか。グラウンドに下りて、ベースと芝の位置関係などを見て、気づかれたのでしょう。驚きました」と話していた。

内外野を分ける土と芝の境目はグラスライン（芝生線）と呼ばれる。公認野球規則では投手板の中心から半径95フィート（約29メートル）と目安が示されている。甲子園は長年30メートルだったが、2016年1月、当時コーチだった平田の進言を受け、1メートル幅で芝を刈り込んだ。さらに、2018年7月のオールスター期間中に2メートル刈り、半径33メートルまで土の部分を広げた。強打者に対するシフトが極端になり、芝の上で守る内野手も出てきた。そんな時代に対応したのだという。キャンプ地の宜野座も甲子園に応じて刈り込んでいた。

⁘　⁘

もう1つ、風についても敏感である。甲子園と言えば、右翼から左翼に向けて吹く浜風が有名だが、浜風が吹くのは夏である。春先や秋には山から海へ、三塁側から一塁側へ冷

新たに掛けられらた2023年日本一の「Ｖパネル」

たい風が吹く。球団歌にも歌われる「六甲おろし」である。

ただ、たとえば浜風だとしても同じ方向に吹くわけではない。岡田は実体験から「守っている場所によって、風の吹き方が全然違うのよ」と言う。

内外野のスタンドが高く、すり鉢状になっている甲子園球場では「風が舞う」という現象が起きる。バックネット裏にある記者席にいると、右から左へ浜風が吹いているとき、左の頬に風を感じる。スタンドに沿って、風が回って届いてくるわけだ。

選手たちはよく風向きをセンターポールになびく旗で確認する。甲子園で言えば、スコアボードに立つ日章旗、日本野球機構（ＮＰ

B）旗、セ・リーグ連盟旗、両チームの球団旗などである。ところが、センターと内野では風向きが違っていることがある。

このため、岡田は前回監督に就いた2004年、球団・球場に依頼して、一・三塁側の内野スタンド、アルプススタンドの最上段にも球団旗を立てるようにした。「あの旗を見て、風向きを頭に入れておけ」という選手たちへの配慮である。

甲子園ではセンターポールの5本に8本加わり、今も13本の旗が風になびいている。

4―0は危ない。

中学3年だった1977（昭和52）年、サッカー日本代表のテレビ解説で岡野俊一郎（後の日本サッカー協会会長）が「2点差は危ない」と話していたのを覚えている。

「1点ずつしか得点できないサッカーで2点差はすぐには追いつかれない。安全圏のように思え、どうしても油断が生まれる。そこで次の1点を失うと今度は焦りだす。もう勢いは逆転してしまっている」

野球で言えば、ビッグイニングと呼ばれる4点差か、満塁本塁打でも届かない5点差か。

岡田は「4―0は危ない」という。

「序盤3回までに4、5点リードした時が危ない。チーム内に〝もう勝った〟という空気が生まれる。これが危ない。〝次の1点を失ったら流れが相手に行くぞ〟と引き締めるのだが……」

長年の経験で得た警句である。特にオリックスでの監督時代（2010〜12年）、再三、痛い目にあったそうだ。

阪神で言えば、2022年4月19日のDeNA戦（横浜）は、まさに「4―0の法則」があてはまる試合だった。2回表を終えて4―0とリードした。だが、その裏に先発・西勇輝が3安打1四球で2失点。4回裏にまたも3安打集中で2失点し同点。5回裏、勝ち越し点を献上して降板、敗戦投手となった。

岡田の言う「4―0は危ない」法則を新聞のコラムで書いた。後日会った岡田は「そういうことよ」と話していた。打線に追加点はなく、バッテリーには油断があったのかもしれない。

この2022年は開幕戦で大量7点のリードを守れず、悪夢の逆転負けを喫していた。3月25日、京セラドームでのヤクルト戦。阪神は5回を終えて8―1とリードしていた。楽勝ムードだった。

だが6回以降、先発の藤浪晋太郎、救援の斎藤友貴哉、岩崎優が失点を重ね、1点リードの9回表、カイル・ケラーが山田哲人に同点ソロ、ドミンゴ・サンタナに決勝2ランを浴びて、痛恨の敗戦を喫した。

この悪夢は尾を引き、阪神は何とセ・リーグワースト記録となる開幕から9連敗を喫した。1勝した後、またも引き分けをはさんで6連敗。開幕17試合時点で1勝15敗1分け、勝率は史上最低の・063まで落ち込んだ。

野球は怖い。2021年はヤクルトを勝数で上回りながら、ゲーム差なし、勝率5厘差で優勝を逃した。優勝候補と呼ばれて臨んだ2022年は悪夢のようなシーズンになってしまったのだった。

自ら「マイナス思考」と言い、シーズンを「0勝143敗から考える」と言うほどの岡田である。油断や慢心を戒めるのは当然だろう。

❖　❖

自身が監督に就いた2023年は先制すれば「もう1点」と追加点を取るよう檄を飛ばし、追いかける展開でも「まだ勝負は先や」とあきらめない姿勢を植えつけた。実に粘り強く、勝負強いチームになった。

それでも6月17日の交流戦、ソフトバンク戦（甲子園）では4回終了4―0から逆転負けを喫した。5回表に先発・大竹耕太郎が失策絡みで1失点。7回表に及川雅貴が2死から四球と代打・野村勇に2ランを浴びて1点差。9回表は岩崎優が2死一、二塁の「あと1球」から逆転二塁打を浴びて敗れた。

こんな敗戦もあったからだろう。約1カ月後の7月17日、中日戦（甲子園）で岡田らしい采配が見られた。この試合も2回を終えて4―0とリードしていた。だが3回表に1点を返されて嫌な予感がしていた。だから4回裏、無死一塁で木浪聖也に送りバントを命じたのである。

「そうよ。（空気が）緩むからな」と試合後、いつもの甲子園球場での試合後に歩く、廊下で岡田は言った。追加点がほしかった。「そうや。オレもベンチで〝1点1点〟と言うとったんや」

あの送りバントの指示は「追加点を取らないとやられるぞ」と警鐘を鳴らすためだった。バントという作戦でチーム全体に注意報を出したのだ。

木浪は8番打者で次は投手だ。無死一塁で打席が回るのは前夜から3度目だった。前夜は0―0の3回裏無死一塁で強攻させて空振り三振。この夜は2回裏無死一塁でセーフティーぎみのバントで送ると投手・西純矢に適時打が出た。そしてこの4回裏は最初から構えた形でのバントだった。木浪は初球を投前に転がし、犠打となった。後続がなく、追加点はならなかったが、空気は引き締まったことだろう。

「今日は緩んでいなかった?」と廊下を過ぎ、階段あたりで問いかけてみた。「そやな。次の点を取るためのお膳立てすることが大事なんよ」

追加点は奪えなかったが、好機は作り、攻め続けた。毎回の11安打、それも7回まで毎回先頭打者が安打して4点では拙攻かもしれない。もちろん適時打が出るに越したことはないが、まだ打線はそこまで本調子ではない。それより選手たちが「4―0の法則」に触れた経験が糧となった。

この試合はオールスター前の前半戦最終戦だった。オールスターが明けると、阪神は猛烈に勝ちまくった。油断も慢心もなく、確実に勝利をものにしていったのである。

みんなで

岡田は団体競技という野球の特性を十分に承知している。日本一となる2023年、岡田の談話で目立ったのは「みんなで」という一丸姿勢を示すことばだった。

たとえば――。

「1年間、ベンチ入りのみんなでやっていかなあかんわけやから」（4月9日、ヤクルト戦に引き分けた後。併用が続いていた右翼・森下と板山、遊撃・小幡と木浪の起用法について）

「何とか追いかける時にはちょっと代打攻勢っていうかな。みんなでやるっていう雰囲気をちょっとな生み出さなあかんしと思って。だから、代打、代打でみんないったけどな」（5月25日、代打攻勢をかけた後、逆転勝利）

「（勝てたのは）ブルペンを含めて、野手ももう残ってなかったけど、みんなでね、みん

なの力じゃないですかね」（8月22日、総力戦で延長10回サヨナラ勝ち）

――こうして「みんなで」勝ち星を積み重ね、9月14日の甲子園を迎えたわけである。リーグ優勝達成のお立ち台で岡田は言った。

「今日でアレは封印して、みんなで優勝を分かち合いたい」

「アレ」を「優勝」と言い換えて、大歓声を浴びたのだった。

岡田の言う「みんなで」は、どこか前回日本一となった1985（昭和60）年の監督・吉田義男が繰り返した「一丸」を思わせる。当時、岡田は27歳、プロ6年目で選手会長を務めていた。掛布雅之、ランディ・バース、真弓明信……ら個性派がそろっていた。「一丸」というよりは「バラバラ」だったと岡田は言う。

ただし、時には試合後、選手たちが自然と食事会場に集まって「ああでもない、こうでもない」と、勝つための方策を話し合った。夏のロード中の広島遠征では、選手会長として選手の意見をまとめ、吉田に具申したこともあった。先発投手が不調だったため、救援の中西清起、福間納、山本和行を3イニングずつ投げさせる、というプランだった。吉田は「それはできん」と却下したが、選手たちが自ら話し合ったという熱意は吉田にも伝わり、優勝するための機運は高まった。

つまり、岡田の「みんなで」は、何もみんな仲良く一緒に……といった上辺ではなく、バラバラでも、グラウンドでは勝利のため1つになるといったプロらしい意味合いがある。もちろん「全員が幸せになるなんてことは絶対にない」という現実がある。「誰かの出番が増えれば、誰かの出番は減るわけやからな。それでも、ベンチにいるメンバー、2軍に控えるメンバーみんなを同じ方向を向かせて、やっていくのが監督の仕事やと思う」

かつて、西鉄黄金時代を築いた三原脩の名言にある。「アマは和して勝つ。プロは勝って和す」である。

チームワークという点で興味深い話を巨人V9——若い世代にはなじみがないようだが、巨人は1965（昭和40）年から1973（昭和48）年まで9年連続で日本一となっていた——当時の名参謀で知られた牧野茂がしている。1980年3月発行の労働省（現厚生労働省）広報室編『労働時報』での対談で語っている。

当時、巨人が指南書としていたのがアル・カンパニス著『ドジャースの戦法』（ベースボール・マガジン社）だった。それまで日本では「チームワーク」という言い方が広まっていたが、「彼らはチームワークとは言わない」と言う。「チームワークはあとからついてくるものですね。巨人は（昭和）40年から勝ち続けたでしょう。すると、勝てば勝つほどチームワークができて、選手が結束した」

ドジャースで重んじたのは「チームプレー」だった。フォーメーションプレーやサインプレーなど「個人が果たさなければならない義務」を「総合化」したものだと解説している。

チームプレーは技、チームワークは心だと言えるだろう。

岡田はキャンプから、内外野の中継プレーや投内連係、さらにサインプレーなど、いわゆるチームプレーの練習を繰り返した。チームプレーが高まれば、勝利に近づき、そしてチームワークが芽生えることが分かっていたのだ。

2023年のシーズンが進むにつれ、「みんなで」とともに頻出するようになったことばが「役割」だった。「選手たちがそれぞれ自分の役割を分かったうえで、忠実に実行していた」というのが強さの源だった。

フロントも同じ方向を向かんと勝てん

プロ野球においてフロントは前線基地を意味する。野球場という最前線の戦場にいる監督や選手たちの近くでチームを統括するというわけである。

阪神タイガースで言えば、甲子園球場の隣にあるクラブハウス内にある球団事務所に詰めている球団社長以下の球団役職員がフロントである。大阪・野田の阪神電鉄本社にはオーナー以下、球団取締役がいる。この野田で開かれる役員会が最高意思決定機関である。人目に触れず、物事が決まる密室という意味で、トラ番の先輩記者は「奥の院」などと呼んでいた。

岡田が阪神監督に就任した経緯を書いておきたい。なぜ、岡田だったのか、という内情である。

2022年1月31日、キャンプイン前日に当時監督の矢野燿大が「今季限りで退任する」と公表した。選手にも伝えた。異例の事態だが、事前にフロントは矢野の意向も公表も了承していた。

当然ながら次期監督の人選を進めることになった。フロントはシーズン中、水面下で話し合い、当時2軍監督の平田勝男の監督昇格案で固めた。6月15日にあった阪急阪神ホールディングス（HD）株主総会で株主からも質問があった次期監督像について、オーナー代行・谷本修が記者団に語った「育成主体で生え抜き中心のチーム作りができる人」というのは平田を念頭に置いていた。この頃、球団は平田の監督招聘を主眼とした構想をリポートにまとめ、当時のオーナー・藤原崇起（電鉄本社会長）に提出している。

ところが、フロントから再三の上申を受けながら、藤原はなかなか最終決断を下さなかった。いや、下せなかった。阪神では長く「監督選定はオーナーの専権事項」だったが、球団にとっては親会社の親会社にあたる阪急阪神HDの影響力が強まっていた。フロントからすれば、「奥の院」の向こうに「奥の奥」があり、なかなか声が届きづらい状況になっていた。

阪急阪神HDの総帥と言うべき、会長兼グループ最高経営責任者（CEO）・角和夫の意向を無視できなかった。角はかねて、早大の後輩にあたり、その統率力や采配、指揮官としての能力を高く買う岡田彰布の監督就任を望んでいると伝えられていた。
また、関係者によれば、角は矢野のキャンプ前日の退任発言や公表を許可した球団の姿勢を疑問視していた。新型コロナウイルスで選手間にクラスターが発生したことも球団の危機管理能力の甘さだと指摘していた。そして何より「勝てる監督」の必要性を感じていた。

❖　❖

5月上旬、角と岡田はともに会員のゴルフ場、西宮カントリー倶楽部でラウンドし、宝塚ホテルで夕食をともにしている。岡田は角との会談について「監督要請なんてあるわけない。角さんは今のタイガースはどうなっているのかと心配していたよ」と話していた。ただ、2人きりになった時、角から求められグータッチを交わしている。「秋には監督を頼むぞ」という予告だった。
2005―06年、村上ファンドによる阪神電鉄の大量株式取得、買収攻勢を受け、阪神電鉄はホワイトナイトとして阪急ホールディングスと経営統合し、完全子会社となった。

当時、日本野球機構（NPB）と球団オーナー会議は、親会社変更で新規参入にあたるとして、阪神に10年間の預かり保証金25億円、野球振興協力金4億円、手数料1億円の計30億円の支払いを命じていた。老舗球団としての誇りもある阪神は「球団の経営主体は変わらない」と主張し、他球団に理解を求めた。コミッショナーだった根来泰周は東京高検検事長などを務めた法律の専門家で「支配権は移ったが経営権は従来通り」との見解を示した。根来は2006年10月12日には大阪で角と会談している。1988年にブレーブス球団を売却した阪急から「球団の永続保有」の誓約書をとり、「球団経営は阪神電鉄」という覚書も交わした。これで阪神は手数料を除く29億円の支払いを減免されていた。

2006年の経営統合後も監督人事はオーナーの阪神電鉄が主導していた。岡田の後に真弓明信、和田豊、金本知憲、矢野燿大とすべて阪神が決めてきた。ただし、この間に新入社員は阪急阪神HDで一括採用となり、阪急―阪神間の人事交流も進んだ。役員の交流まで行われるようになった。かつては同じ大阪―神戸間に電車を走らせ、ライバル関係にあった阪急、阪神の壁は薄くなっていった。

さて、矢野の後任監督問題は進展なきまま秋を迎えようとしていた。この頃、阪急系のあるHD役員が「球団経営や監督人事に口を出すわけではない。阪神が忖度をするんだ」

と意味深長に話していた。阪急側から具体的な指示などはなくとも阪神側は圧力を感じていただろう。事態が動いたのは9月16日、オーナーの藤原が角と会い、フロントの「平田案」を取り下げ、「岡田案」で決着をみたのだった。後にかつて阪神電鉄・球団の幹部だった長老的存在が「マッカーサーには逆らえん、ということや」と、戦後日本の占領軍をたとえに出していた。

20日には内々にフロントが岡田と会い、監督を要請し受諾。正式就任発表はクライマックスシリーズ（CS）敗戦で全日程終了後の10月16日、大阪・梅田のザ・リッツ・カールトン大阪で行われた。

さらに岡田が監督就任後の12月21日には球団トップの交代が発表となった。オーナーの藤原が退き、後任には阪急阪神HD社長の杉山健博が就いた。歴代、阪神電鉄の会長・社長が務めていた球団オーナーに阪急出身者がなるのは初めてだった。阪急一筋の杉山だが、役員交流で2016年6月から22年4月まで阪神電鉄取締役を務めている。阪神電鉄の経営者だったわけで「球団経営は阪神電鉄」という覚書にも反していない。同時に発表された人事では阪神電鉄社長の秦雅夫が球団会長に就任した。従来はオーナーが球団会長も兼ねていたが、分けることで「二人三脚体制」と説明があった。

杉山は野球通だった。キャンプ視察などで話した岡田が「本当に野球に詳しい。それに情熱を持っておられる」と感心していた。杉山はシーズン中、「本当に岡田監督の功績は大きい」と賛辞を惜しまなかった。6月の札幌遠征中、杉山から「監督になってくれてありがとう」と感謝されたことを岡田は素直に喜んでいた。

常々「フロントも同じ方向を向かんと勝てん」と語っていた岡田は、杉山という後ろ盾を得て、勝利に向かう組織体制を実感していたようだ。

❖

オリックス監督だった2012年9月25日、京セラドームに到着すると球団本部長から広報発表の紙を渡され、休養を命じられた。数日前まで「シーズン終了まで指揮を執ってもらう」と聞かされていた。シーズンは9試合残っていた。「紙切れ1枚で終わりよ」と嘆いた。当時のオリックス・フロントとは信頼関係などなく、とても同じ方向を向いているとは思えなかった。そんな苦い経験があった。

余談だが、日本シリーズはそのオリックスとの対戦となったのだが、岡田は「恨みなんてないよ」と平然としていた。忘れたいはずの強制休養事件も恩讐の彼方に押しやり、自身の糧となっていた。

岡田はフロント陣が平田を次期監督に推していたことを承知していた。それでも何ごともなかったかのように接し、波風を立てるような言動は行わなかった。優勝という「同じ方向」を向いているのなら不満はなかった。

杉山はオーナー就任後1年もたたず、リーグ優勝達成となった。阪急阪神の経営統合後、初めての優勝だった。角は溜飲を下げたことだろう。SNSでは「MVPは岡田監督を起用した角会長」といった書き込みまで見られた。長年優勝できなかった阪神関係者には耳が痛い話かもしれない。

関西の政財界人などを招いて開かれた阪神電鉄主催の優勝・日本一祝賀会（11月29日）の冒頭、挨拶に立った球団会長の秦が「今回の優勝は7年前からの骨太の方針が実を結んだ」と話していた。「骨太」とは金本、矢野が監督時代から補強に頼らず、若手育成を主眼とした自前のチーム作りを指している。当然だが、監督の岡田だけでなく、球団にも功績があったことを伝えたかったのだろう。確かにドラフトでの新人発掘、若手育成の成果が現れていた。

歓喜したファンにとっては親会社が阪神だろうが、阪急だろうが、誰がオーナーだろうが、どうでもいいことかもしれない。チーム名に企業名のない大リーグでは、たとえばドジャースやヤンキースの親会社がどこなのか、オーナーが誰かなど一般のファンは興味もないだろう。

表向きの球団史では無視される出来事かもしれない。ただ、2023年の優勝・日本一は監督人事、オーナー人事で阪急の影響力が強く出た結果だったと記憶しておきたい。長いタイガースの歴史に刻まれるエポックだったと記しておきたい。

試合前に勝負はついている

岡田が発した指示で傑作なのが「落合笑ったら外せ」である。前回監督当時の古いことばなのだが、その背景を見聞きすれば、岡田野球の醍醐味、滋味といった味わい深さがわかってくる。あらためて書いておきたい。

実際は「落合わろたら外せ」と大阪弁で口にしている。コーチ陣への指示だ。

当時中日監督の落合博満がベンチ内で笑ったら、ピッチアウトしろというのである。「落合」と呼び捨てにしているのは、ベンチ内で瞬時に決断し、指示するために省略したまでだ。ふだんは「落合さん」と敬称をつけて呼ぶ。岡田は年上の落合に礼を失することなどなく、敬意を忘れていない。

岡田と落合は時を同じくして2003年オフに監督に就任した。2004年から岡田が阪神監督を退く２００８年まで５シーズン、しのぎを削った好敵手同士だった。

阪神はスコアラーとコーチ陣が必死になって、相手チームの分析を行った。投手のクセや打者の打球傾向など通常の情報収集は当然。さらに、中日ベンチ内の落合の動きを観察していると、ある傾向が浮かび上がった。盗塁やヒットエンドランなど、走者を走らせるサインを発した後、ベンチ内で落合がニヤリと笑うというのである。それも必ず笑う。阪神が優勝する２００５年のことである。

プロ野球のサインはベンチ内の監督（または監督の指示を受けたコーチ）が発し、三塁ベースコーチがブロックサインで選手たちに伝える。サインの解読も行うが、監督の表情まで読み取っていたとは恐れ入る。

面白い情報を得た岡田はシーズン終盤、大事な優勝争いの時点まで温めておいた。いざ決戦となった時に、サインを見破って、逆手に取ろうというのである。

その決戦の試合での守り。接戦の終盤、一塁に俊足走者が出た。作戦がありそうな場面である。岡田は満を持して、コーチ陣に「落合笑ったら外せ」と命じた。

コーチが落合を見る。中日三塁コーチがブロックサインを出す。

「笑いません」とコーチ。

「けん制入れさせ」と岡田。指示はコーチ―捕手―投手と伝わって、一塁けん制球を放る。落合はベンチに座っている。三塁コーチは再びブロックサインを出す。

「笑いません」

「けん制や」

「あ、落合、笑いました」

「よし、外せ」

投手がモーションに入ると、一塁走者がスタートを切った。やはり来た。投球はピッチアウトで打者は届かず空振り。ヒットエンドランである。捕手は二塁送球して、一塁走者を刺したのである。

そんなことが2度あったそうだ。

「いやあ、楽しかったよ」と岡田は振り返る。「なんで笑うのかはわからんけどな。勝負の醍醐味というのか、丁々発止のやり取りというのかな。次の対戦が楽しみで仕方なかったからなあ。今はもう、あんな野球しているチームないやろ」

2007年には巨人のサインがわかっていた。監督は原辰徳だが、三塁ベースコーチ・伊原春樹の出すブロックサインを解読していた。当時チーフ野手コーチの吉竹春樹が見破っていたと岡田は明かしている。春先、吉竹が「エンドラン出ました。外しますか？」と聞いてきたが「勝負どころの9月になるまで隠しておけ」と命じたそうだ。ただ、巨人も何か感じたのだろう。8月に伊原は三塁コーチを外れ、ベンチにいるようになった。同年、阪神は巨人に14勝9敗1分けと勝ち越している。

余談だが、岡田はオリックス監督になると、阪神のサインを見破っていた。2012年5月22日のセ・パ交流戦（京セラドーム）だった。2回表2死一塁。走者は足の速くない新井貴浩（現広島監督）で打者・林威助《リンウェイツゥ》のカウントは1ボール―2ストライク。何もなさそうな場面だった。ところが投手・金子千尋はプレートを外し、けん制球を放る仕草をした。偽投である。おかしな間《ま》だと感じた。直後の投球で新井は走り、二塁で憤死したのだ。オリックスは阪神盗塁のサインを解読しているのではないかと推測してコラムで書いた。すると翌日の試合前、岡田に呼ばれ「なんで書くんや」と怒られた。「阪神にわかってしまうやないか。サインを変えてしまうやないか」。オリックス―阪神の交流戦は、その日の1試合が残っていた。怒られたのは確かなのだが、〝ようわかったな〟と岡田に認められているようで、ちょっと誇らしげでもあった。

話を前回監督当時に戻す。当時は毎年、阪神、巨人、中日の3球団で優勝争いを展開していた。Aクラスもこの3球団がほぼ独占していた。落合、原との監督同士には虚々実々の駆け引きがあった。

岡田は「3人がそろったシーズンの勝敗は、オレが一番なんよ」というのがちょっとした自慢である。岡田、原、落合の3監督がそろって指揮を執ったのは2006—08年の3シーズンである。成績を出してみた。丸数字は順位である。

▽岡田（阪神）②③② 434試合240勝183敗11分 勝率5割6分7厘
▽原（巨人）④①① 434試合229勝199敗6分 勝率5割3分5厘
▽落合（中日）①②③ 434試合236勝186敗12分 勝率5割5分9厘

優勝はできなかったが、確かに勝ち星も勝率も岡田がトップだった。3球団同士の対戦に絞れば、落合が73勝64敗3分（勝率5割3分3厘）で岡田の71勝65敗4分（勝率5割2分2厘）をわずかに上回っている。

2008年のオールスターゲームでは3人がそろって全セのベンチに入った。監督は原で、落合と岡田はコーチという肩書きだった。8月1日、横浜スタジアムでの第2戦の試合前、3人はよく話した。誰々がいくらもらっているとか、どこそこの次の監督は誰々だとか……本当か嘘か分からない、うわさ話をしていたそうだ。気づけば、3人とも監督・コーチ室にいて、グラウンドに全セ首脳陣は誰もいなくなっていた。マネジャーが「あのう、すみません」と部屋に入ってきて「もう練習が終わります。スタメンはどうしましょうか？」と聞いてきた。3人とも「え？」と驚いて時計を見たそうだ。「時間が経つのも忘れて話し込んでたんよ」。懐かしそうに振り返る。

翌2009年2月、監督を退き評論家となった岡田が中日キャンプ地の沖縄・北谷を訪れると、落合が監督室に招き入れてくれた。落合自らコーヒーを淹れ、長時間話し込んだそうだ。勝負の世界で生きた者同士、互いにわかり合える思いがあるのだろう。

原との話はまた別稿で書きたい。

❖　❖

サイン解読の件について言えば、岡田も「そんなバッチリはまることは年間何度もない」という。ただし、サインを見破っているという時点で「試合をする前にベンチの勝負で勝っているということなんよ。精神的に優位に立てる。選手も相手をのんでかかるようになる。これが大きいんよ」。

もちろん、岡田はサインや傾向を解読したスコアラーやコーチ陣の功績と感謝を決して忘れない。「サイン出したら笑う」という落合の表情まで読み取っていたのだ。「連日夜遅くまでデータを集め、朝早くから甲子園に行って、映像の分析とかしていたからな。ほんまに、あれがプロよ」

岡田がよく言う「試合前で勝負はついている」とは、そういうことなのだ。

試合前までに、相手の動向をつかんでおく。選手の様子、調子、故障などのアクシデント……。試合をシミュレーションして、この投手がくればこう、この打者にはこの投手、勝ち展開なら、同点なら、延長なら……と想定する。コーチを通じて先発メンバーや救援投手の使い方を選手に伝える。

2023年も岡田は同じように戦ったはずだ。「落合わろたら外せ、みたいな情報もありますか？　今年もサイン見破っていましたか」と聞いてみた。「そんなんないわ」と答えたが、もし見破っていたとしても決して口にはしないだろう。岡田はいま戦っている。そんな機密事項を明かすはずはないのだ。

一度、遠征先ホテルの監督室でスコアラーから届く資料を見たことがある。机の上にどさっと紙の資料が置かれていた。中身に目を通してはいないが、3〜4センチほど厚さがあった。

「すべて目を通すよ」と岡田は言った。「スコアラーが必死になって集めてきた資料やないか。もちろん、試合で活かせるものは活かす」

どこのチームも試合中、ベンチ内でこうした資料のファイルを開いて確認していることがある。継投で出てきた救援投手のデータをスコアラーやコーチが選手に伝えている。岡田は当初「試合中に見るな」と話していた。「試合前までに頭にたたきこんでおくもんよ。試合中に見るのは準備ができていないことを相手にも見せていることになる」

勝負事で弱みを見せては劣勢に陥る。ただ、今は相当な量のデータが集められている。ベンチでの再確認も仕方ないと感じているのだろう。黙認している。それよりも、裏方を含め、チーム全員で戦っているという状態を好意的にとらえているのだろう。

もう少しライバルでやりたかった

岡田は「もう少し、ライバルとして、監督としてやりたかった」と言った。本音である。11月28日、東京都内で行われたプロ野球の表彰イベント、NPBアワードの席上だった。正力松太郎賞を受けた岡田は壇上で巨人監督を退いた原辰徳との別れを惜しんだ。

直前にコミッショナー特別表彰を受けた原が岡田の日本一を祝うスピーチを行っていた。「2023年度は阪神タイガース、われわれジャイアンツのライバルチーム。そして素晴らしい日本一。そして監督は岡田監督。高校、大学、プロ野球。一緒にやってきた1つ先輩ではありますが、同志であります。心より日本一の栄冠に対して拍手を送ったという私の最後の喜びでありました」

敗軍の将から送られた最大限の祝意に、岡田は「原監督はいいこと言いますね」と言って会場を笑わせた。「前回は僕が先にユニホームを脱いだ。今回は原監督がユニホームを脱ぐということで、もう少しお互いライバルとして一緒に野球界を盛り上げるために、監督としてやりたかったですね」

岡田と原。2人は同じ年代を生き、激しくしのぎを削ったライバルだった。

出会いは高校時代にさかのぼる。1975（昭和50）年夏、東海大相模2年生だった原は甲子園大会で8強進出に貢献し、大会後に行われるハワイ・米国西海岸への全日本高校選抜チームに選ばれていた。8月27日、大阪球場で壮行試合が行われた。相手は全大阪高校選抜。4番・投手を務めたのが北陽3年の岡田だった。

原は1年生から甲子園に出場し、甘いマスクでアイドル的人気があった。夏休みとはいえ平日のナイター。それでもスタンドは女子中高生を中心に想定外の観衆1万8000人が詰めかけ、急きょ外野席も開放した。岡田は1年夏（1973年）こそ甲子園に出ていたが、以後は予選で敗れるなど苦い思いをしていた。全日本何するものぞ、の気概もあったろう。今もこの試合の話題をよくする。

試合は1回裏、全日本先発の青山久人（国府）から全大阪が岡田の左前適時打と立石充男（初芝）の遊ゴロで2点を先制。6回裏には中前打で出た岡田が二盗、立石の二塁打で生還するなど3―3同点だった。「終盤は球審にストライクを取ってもらえなくなった」（岡田）と判定が厳しくなったそうだ。7回表に3人目、4人目の投手が四球連発で大量6失点となったのだった。3番・三塁手で出場していた原は4打数無安打だった。

大学時代には日米大学野球選手権の全日本で同じチームになった。1979（昭和54）年、岡田が早大4年、原が東海大3年だった。ともに三塁手でポジションがダブったが、岡田は「原がショートを守れないと言うんで、自分がショートに回った」。3番・原、4番・岡田と主軸を打った。大会期間中、よく飲み、よく遊んだ。夜通し飲んで、早朝に新宿のバッティングセンターで酔い醒ましに打ち込んだこともあった。

「写真週刊誌が何かスキャンダルを追いかけていたみたいやけど、まさか行きついた先がバッティングセンターとは思わんかったやろうなあ」

❖ ❖

プロでの現役生活を終え、監督となってからはまさに好敵手だった。伝統の一戦を彩る名勝負を演じた。2人がともに監督だったのは2006―08年の3シーズン。対戦成績は35勝34敗1分けと拮抗し岡田が1つ勝ち越している。

メンバー表交換を終え笑顔を浮かべる阪神・岡田監督（右）と巨人・原監督（2023年8月27日、東京ドーム）

予告先発がない時代。時には岡田が大方の予想をあざむく形で意外な先発投手を起用した。試合前、監督同士によるメンバー交換で、原は「先輩、正々堂々とやりましょうよ」と嘆いたこともあった。

２００８年、阪神は7月8日時点で巨人に最大13ゲーム差をつけ、首位にいた。ところが、8月の北京五輪で主力を欠き、勢いをなくした阪神を巨人が猛追。最終的に逆転で優勝をさらわれた。歴史的な逆転劇は巨人の「メーク・レジェンド」と呼ばれた。岡田は優勝を逃した責任を取り、自ら身を引いた。辞任を決めて臨んだクライマックスシリーズ（ＣＳ）では中日に1勝2敗で敗れた。自らがクローザーに育てた藤川球児が決勝弾を浴びた。岡田は涙にくれた。当時、岡田も原も50歳だった。

6年後、オリックス監督を経験して再び評論家となった岡田の運命に原が意外な形でかかわることになる。2014年、阪神は9月に入り失速し、球団内で監督・和田豊の進退問題が論議されていた。和田は9月23日、遠征先・横浜で球団首脳に「結果が出なかった場合は辞任します」と伝えていた。球団内では後任監督の人選を進め、岡田の復帰が検討されていた。一時は岡田に打診する寸前まで話が煮詰まっていた。

ただ、オーナー・坂井信也は決断を迷っていた。球団内で「2位なら和田続投」と判断基準を設けた。「3位以下なら監督交代」で岡田が監督に復帰する下地が整っていた。

原率いる巨人は9月26日、3連覇となるリーグ優勝を決めていた。阪神は先に全日程を終え3位。2位広島にゲーム差なし、勝率1厘差だった。広島のシーズン最終戦は10月6日、マツダスタジアムでの巨人戦だった。阪神は、広島が勝てば3位、負ければ2位になる。阪神首脳はテレビ、またはラジオ中継で推移を見守った。果たして、広島は巨人に1―4で敗れ、逆転で阪神2位が確定した。和田の続投が決まり、岡田の監督復帰は幻と消えたのである。

後々、岡田は原にこの話を伝えると「え!?」と驚いていた。巨人にとっては消化試合のような一戦に、阪神の監督人事がかかっていたのだ。もちろん原はあずかり知らぬことで

「阪神って、変わった球団ですねえ」と言ったそうだ。確かに他球団関係者には滑稽に映るかもしれないが、当事者たちは真剣に悩んで決めたことだ。阪神球団上層部は迷いに迷い、その決断を順位に委ねていたのである。

結局、和田が2015年限りで退任した後は金本知憲、次いで矢野燿大が監督に就いた。岡田の監督復帰は先の幻の一件から8年の歳月を要することになる。2022年10月、ようやく監督に戻った。原は3度目の監督に就いていた。

❖　❖

岡田は原との対戦を楽しみにしていた。昔のように、激しい戦いを望んでいたことだろう。そして、できることなら、巨人と争ったうえで、優勝を勝ち取りたいと望んでいたはずである。

岡田はそんなことは言わないが、巨人と競り合ったうえで優勝することが阪神、そして阪神ファンの「本懐」だからである。

阪神ファンだった阿久悠が「暗黒時代」の1997年2—7月、スポーツニッポン新聞（スポニチ）に連載した自称「SF野球小説」の『球心蔵』（後に河出書房新社が書籍化）は、阪神と巨人を赤穂浪士と吉良家になぞらえていた。忠臣蔵である。浅野内匠頭の監督・村山実が惨敗シーズンの最終戦に吉良上野介の監督・長嶋茂雄を殴りつける。村山は球界を追われ、その恨みを大石内蔵助の監督・岡田彰布が晴らしていく。巨人を破り優勝を果たすのだ。

『阪神タイガースの正体』（ちくま文庫）で評論家・井上章一は〈アンチ・ジャイアンツを信条とする阪神ファンの典型的な妄想〉と解説した。現実に阪神が巨人を破って優勝した前例はない。1リーグ時代にはあったが、2リーグ分立後、阪神が優勝したシーズン、巨人は3位以下に沈んでいた。逆に巨人と競って負けた例はいくらもある。巨人V9当時は「万年2位」と呼ばれた。1973（昭和48）年には「勝った方が優勝」のシーズン最終の巨人戦に0－9と惨敗している。〈阪神ファンの忠臣蔵幻想は残存し続ける〉というわけだ。

さて、2023年の岡田－原の対戦結果を書けば、阪神がカード別で最高の18勝6敗1分と圧倒した。巨人は貯金をふやすカモになっていた。

それでも、随所に見応えのある戦いはあった。たとえば、7月26日の甲子園。5回まで両軍先発メンバーの9人で戦っていたが、6回に入ると両監督が激しく動いた。表に原が代打2人を起用して逆転した、裏には3投手をつぎ込んだ。岡田も連続代打に代走で1点差に詰め寄った。7回裏に救援3投手を攻め立て、一挙4点を奪って再逆転、阪神が勝ちきったのだった。

原との采配・用兵の勝負について、試合後、岡田は興奮気味に話していた。「いやいや、大好きやわ。こっちはコマがおるからな」。思う存分に勝負を楽しんでいた。巨人はクローザーの大勢が不在で救援陣が苦しい。「向こうのブルペン陣、やっぱりね、よくないからね」と終盤勝負と読む大局観が勝ったのだった。

9月14日の甲子園。優勝を決めたのも巨人戦だった。岡田としては最高の晴れ舞台だった。岡田が胴上げに舞っているとき、原は「忘れてはいけないのは、この上ない悔しさ」と寂しく話した。

巨人が2年続けてCS進出を逃すのは初めてだった。原はシーズン終了の10月4日、辞意を表明した。「まだ契約が1年残っていたからな。びっくりした」と言った岡田は寂しかったに違いない。ただ、報道陣の問いかけにも「思い出なんか……。勝負なんやから」と多くを語らなかった。思い出はありあまるほどあった。長く厳しい勝負の世界で生きてきた者同士である。言葉はなくとも、わかり合える。そんな顔をしていた。

「ブルペンに調子を聞くな」これ、広岡さんの教えよ。

広岡達朗は岡田が監督に就任して早々に「阪神が優勝候補」と断言していた。守備を重視した戦い方や信念に「ようやく監督らしい監督が出てきた」と評価していた。特に守備位置や打順を固定した岡田を「どこかの監督とは大違い」と、古巣巨人の原辰徳と比較して、たたえていた。週刊ベースボールの連載『「やれ」と言える信念』では8月早々に〈阪神が勝たなければ、野球はダメになる〉とまで書いていた。

監督としてヤクルト、西武をリーグ優勝、日本一に導いた名将である。野球殿堂入りも果たしている。歯に衣着せぬ球界のご意見番は92歳となったいまも衰えていない。岡田は早大の後輩だが、リップサービスではないだろう。

2023年シーズン中には、落合博満のYouTube『オレ流チャンネル』で対談し、岡田が前回監督当時の逸話を語っている。就任1年目の2004年2月のキャンプで「投手陣を見ようとしないのはなぜか」と聞くと、岡田は「投手のことは分からないので、投手コーチに任せています」と答えた。広岡は「コーチに丸投げするな。監督はすべてを見る責任がある」と諭したそうだ。その後、岡田は投手陣にも目を配るようになり、2005年には「JFK」(ジェフ・ウィリアムス、藤川球児、久保田智之)の強力救援陣をつくりあげ、リーグ優勝を果たした、というわけだ。

確かに、今も岡田はブルペンによく足を運び、投球練習に目をこらしている。春季キャンプでの宿泊先、沖縄・恩納村のホテルの部屋には、縦に投手陣の名前、横に日付が書かれた大きな一覧表が掲げられていた。練習で投手が投げた球数が記されていた。投手の管理も怠りない。「投手は投げ込んでこそ、技術が磨かれる」というわけだ。これも広岡流かもしれない。

広岡によると、岡田は自分の助言を素直によく聞くという。2023年開幕前、ドラフト1位の新人、森下翔太を使えと書くと〈岡田はすぐに使った〉。今も早大後輩でチーフマネジャーの東辰弥に電話を入れ、岡田への伝言を託しているそうだ。

そんな岡田が優勝を前に漏らしたことばがある。

「〝ブルペンに調子を聞くな〟。これ、広岡さんの教えやねん」

前回監督時代に授かったことばだという。試合中、継投に出るとき、ブルペンで準備している救援投手の調子を気にしていては決断が鈍る。

1勝2敗で迎えた日本シリーズ第4戦（11月1日・甲子園）。敗れれば、相手オリックスに王手をかけられる大事な一戦だった。3―3同点の8回表、2死一、三塁のピンチで、好打者の1番・中川圭太を迎えた場面で、岡田が投入したのが湯浅京己だった。コーチ陣はベンチでもブルペンでも「誰も湯浅と言わなかった」と言うなか、岡田の決断は揺らがなかった。湯浅は1球で中川を二飛に打ち取り、流れを引き寄せた。9回裏のサヨナラ勝ちにつながった。

岡田は前日、フェニックス・リーグ参戦中だった湯浅を宮崎から呼んでいた。この日、シリーズで初めてベンチに入れた時点で投入を決めていた。

湯浅は6月15日、同じオリックス戦（甲子園）で9回表、2本塁打を浴びて逆転を許し、敗戦投手となった。直後に登録抹消となり、7月末には左脇腹を痛めていた。リハビリを経て、10月10日のシート打撃に登板したが、復調していない湯浅に「クライマックスシリーズ（CS）に間に合わす必要はないぞ」と半ば構想外を伝えていた。

それでも岡田はあきらめず、戦力になるかもしれない、と踏んでいたわけだ。

ブルペンや練習での調子がそのまま試合に出るわけではない。先発投手が試合前のブルペンと試合で全く違った投球になることはよくある。

たとえば、4月18日の広島戦（甲子園）で1失点完投勝利をあげた西勇輝について、岡田は「ブルペンでは全然悪かったみたいや。だから逆に丁寧に投げたんちゃうかな」と話していた。5月21日の広島戦（甲子園）で2軍から復帰した才木浩人が6回2／3、1失点の好投で勝利投手になると「2日前も昨日もブルペンであんまりええことないとか言ったけどな」。7月9日、ヤクルト戦（甲子園）で7回無失点と好投した西純矢も「ブルペンでも本調子ではなかった」。こうした例はいくらもある。反対にブルペンで好調だった投手がマウンドで不調だったというケースもいくらもある。

打者も同じことが言える。岡田は試合前のフリー打撃をケージ後方や内外野のグラウンドから観察している。その練習での調子が試合での結果にどう反映されているのかも見ている。

2023年の開幕前日だった3月30日の練習（京セラドーム）を終え、岡田は「練習とゲームが連携してるのは大山ぐらいやろ」と話した。「どういうフリー打撃をしたかで状態が分かるわ。今日が試合やったら打ってないやろな」

大山悠輔は練習で打っていれば試合でも打ち、不調ならば試合でも打てない。そんなタイプだというわけだ。リーグ優勝を決めた後、9月25日の中日戦（バンテリンドーム）は貧打で1点しか奪えず敗戦。大山は4打席無安打だった。岡田はこの試合前のフリー打撃で大山は「練習の時から全然。最初、ショートゴロ3連発やで」。試合でも2打席連続ショートゴロに凡退していた。

逆に言えば、大山以外の打者は練習と試合で違った姿を見せるのだろう。「ブルペンに調子を聞くな」は打者にも通じているようである。

2―4やったなぁ。野球ではこんなことが起きるんよ。横田がシナリオかいたんとちゃうか。

7月25日、甲子園での巨人戦は横田慎太郎の追悼試合として行われた。

脳腫瘍と闘っていた横田は7月18日、帰らぬ人となった。28歳の若さだった。故郷鹿児島で21日に通夜、22日に告別式を行い、25日を迎えた。

甲子園では半旗を掲げ、選手たちは喪章を着けて臨んだ。試合前、横田とYouTubeチャンネルを運営していたOB会長・川藤幸三が「野球を心から愛し、野球に命を懸けた男を今一度しのんでやって下さい」と呼び掛けた。

試合は1―2の6回裏、大山悠輔が左翼へ逆転2ラン。7回裏にも大山が左前に適時打を放ち、4―2で阪神が勝利した。

この試合から数日後、岡田が「横田の追悼試合、スコアが4―2やったやろ」と話しかけてきた。不満そうな顔だった。

「2―4よ。24。横田の背番号やないか。あるんよなあ。野球ではこんなことが起きる。天国の横田がシナリオかいていたんちゃうか。それをマスコミは一切書いてなかったやろ。オレはあの日、スコアボード眺めながら、ああ、やっぱりなと思ってたんよ。それをどこも書いてない。どうなってんねん。最近の記者は……」

岡田は自宅でスポーツ紙全紙を購読している。2―4のスコアに触れた記事がなかったのが不満だった。スコアの因縁に気づいていた岡田だが、当日はその点については何も語っていない。記者は分かっているはずだと新聞を読んだが載っていない。「どこを見てるんや」というわけだ。

実はわたし自身は試合直後、甲子園電光スコアボードの「計」（得点数）の下に「2」「4」と並んでいるのを目にしてはっとした。トラ番キャップに原稿に盛り込むように伝えた。〈甲子園も横田さんの現役時代の背番号「24」を映し出していた〉と記事にはなったのだが、見出しも立っておらず、見過ごされてしまったようだ。

岡田と横田に直接の接点はない。横田が鹿児島実からドラフト2位で阪神入りした2014年はすでにユニホームを脱ぎ、評論家をしていた。3年目の2016年、開幕スタメン（2番・センター）で1軍デビューしたのも、2017年2月のキャンプ中に脳腫瘍が判明したのも、育成契約で「124」の3桁背番号になったのも、2019年の「引退試合」での「奇跡のバックホーム」も……外から見ていた。

それでも試合中、「横田のシナリオ」に気づいた。「これは横田の背番号で勝つんやな」と予感がした。「だから、横田にゆかりのある岩貞、岩崎でいった」と、ドラフト同期入団の岩貞祐太、岩崎優をビハインドの展開でも起用する考えでいた。実際は大山の逆転2ランした後の7回表を岩貞が、9回表を岩崎が締めて4－2で逃げ切った。8回表を抑えた前ソフトバンクの加治屋蓮もプロ入り同期生だった。

本塁打について、大山は「スタンドまでヨコが運んでくれた」と話した。ダイヤモンド1周の後、両手でヘルメットを天に掲げたのは「ありがとう、という気持ちでの行動でした」。大山が新人当時のキャンプ中、横田は脳腫瘍となった。「いま野球をやっていますけど、それが当たり前じゃないんだなと感じます」。愛する野球ができなくなった横田の無念を思いやった。

岩貞は連打で1死一、二塁のピンチを迎えても「（横田が）抑えさせてくれるでしょう、とつぶやきながら投げた」と二ゴロ併殺でしのいだ。岩崎も「先頭打者を出したけど、狙い通りにゲッツーが取れた」と見えない力を感じていた。勝利の瞬間は同じく同期の捕手・梅野隆太郎ら皆が天を仰ぎ、腕を掲げた。梅野は試合前、横田の両親に会い「絶対に勝ちます」と約束していた。試合後、ウイニングボールを届けた。

❖　❖

先に書いたように、岡田は「野球ではこんなことが起きる」と言った。自身の長い野球人生で、何度も因縁めいた試合を経験しているからだろう。

思い出すのは現役時代の元号が昭和から平成に変わった1989年6月25日である。プロ野球初の天覧試合（巨人―阪神・後楽園）が行われた1959（昭和34）年からちょうど30年目、甲子園で阪神―巨人戦があった。

試合は1―4の8回裏、2死満塁で岡田がビル・ガリクソンから左翼ポール際に逆転満塁本塁打を放ち、5―4で勝った。

同じ日付、同じ対戦カード、そして同じスコアで今度は阪神がやり返したのだった。阪神監督は天覧試合で長嶋茂雄に左翼ポール際にサヨナラ本塁打を浴び敗戦投手となった村山実、勝利投手となった藤田元司は巨人監督となっていた。

岡田は8回裏、「2死満塁になれば自分に回ってくる。オレの出番やと気合を入れていた」と話した。いわば、狙って打った逆転満塁弾だったわけだ。

岡田は父・勇郎が阪神の有力後援者だった関係で、幼い頃から多くの選手と交流があった。明星中時代には村山の引退試合（1973年3月21日・甲子園）を前に、肩慣らしの相手を務めた。2003年オフ、監督に就くと実家居間に色紙があった村山の座右の銘「道一筋」を継いだ。さすがに天覧試合は1歳7カ月で記憶にもないだろうが、体内に流れる猛虎の血が騒いでいた。

村山は試合前「え？ 今日があの日か!?」と天覧試合の日とは気づいていなかった。チームは5位に沈み、4連敗中だった。前年1988（昭和63）年、監督に復帰した村山は、長男重病によるランディ・バースの退団問題から球団代表の自殺、掛布雅之や山本和行の引退……などトラブルが相次いだ。自身が新人だった天覧試合を思う心の余裕などなかった。

村山は天覧試合で長嶋に浴びたサヨナラ弾を終生「ファウルだ」と言い続けた。熱血と同時に悲劇のイメージがつきまとった。監督付マネジャーだった野田征稔は「それでも村山さんはあの試合が原点だと糧にされていました。ご覧いただいた陛下（昭和天皇）への思いも相当でした」と話した。88年9月29日朝には東京遠征中の定宿、サテライトホテル後楽園から皇居坂下門に出向き、病気平癒の記帳を行っていた。

そんな村山の姿を岡田は目の当たりにしていた。「5―4」というスコアにも因縁を感じ取っていた。「野球ではそんなことが起きるんよ」と岡田は野球の神様の存在を信じている。

横田の追悼試合も神様が見守っていた。岩崎は「自然とみんなが一つになった。そういうものをあの試合で感じた」と語っている。あの試合から優勝決定まで実に33勝8敗、勝率8割5厘と神懸かり的な強さで突っ走った。

あの優勝決定の9月14日、甲子園。岩崎は横田の登場曲『栄光の架橋』に送られて9回表のマウンドに上った。岡田はまぶしそうに、その光景を眺めていた。

情ではないんよ

日本一を決める日本シリーズ第7戦（11月5日・京セラドーム）の試合前、岡田は先発投手に指名した青柳晃洋を監督室に呼んだ。

「開幕戦（3月31日・DeNA戦）は、この京セラで、お前で始まったんや。最後もここで、お前で締めくくろう。お前に任せる。気負うことなんかない。楽しめ。楽しんで投げたらいい。イニングなんて関係なしに投げてくれ」

岡田の激励に青柳は「はい。わかりました」と答えた。別れ際、ニコッと笑った顔を岡田は覚えている。青柳は「僕で始まったシーズンが僕で終われると、意気に感じました」と話していた。初回から飛ばし、5回2死まで無失点の投球で勝利、そして日本一に導いたのだった。

前年まで2年連続セ・リーグ最多勝投手だった青柳にとっては苦しいシーズンだった。岡田は2軍行きを命じたこともあった。開幕投手に指名し、エースと目した青柳に最後の舞台を用意していたわけだ。

これを「情」だという声があった。岡田は「情ではないんよ」と否定する。「最初から決めてたよ。第7戦までいけば。最後は青柳と決めていた」。あくまで勝つための戦略、日本一を獲るためのローテーションだったのだと主張する。シリーズ前の投球で好調だという報告も受けていた。だから、青柳の悔しさは承知のうえ、情ではなく、あくまで理詰めでの起用だったと言うのだ。

同じように、8月13日のヤクルト戦（京セラ）で左手首に死球を受け、尺骨骨折で戦線を離脱した梅野隆太郎も無念のシーズンだったろう。岡田は日本シリーズ第1戦の試合前、1軍練習に合流していた梅野に「足はどうや。走れるんやろ」と声をかけている。梅野はリハビリ中で、まだ打撃も守備も試合に出られる状態ではなかった。本人は日本シリーズ登録40人枠入りもあきらめていたが、岡田は名簿に入れていた。

その梅野を第6戦のベンチ入りメンバーに入れた。第5戦の試合後、岡田は梅野に「スパイク、用意しておいてくれよ。代走いくぞ」と声をかけていた。実際は第6戦も、続け

2023年、甲子園球場最後の試合となる日本シリーズ第５戦。黄色に染まった観客席

てベンチ入りした第7戦も出番はなかったが、岡田は戦力として本当に代走で梅野を起用するつもりで機会を探っていた。これも情ではないと言う。確かに梅野は捕手にあっても俊足なのだが、功労者に報いてやりたいという温情があったのは間違いないだろう。

日本シリーズ第4戦（甲子園）での湯浅京己投入については別稿で書いた。3─3同点の8回表、2死一、三塁で起用した。6月15日を最後に登録抹消し、1軍登板のなかった湯浅を大舞台で起用したのだった。湯浅登板がアナウンスされると、場内には地鳴りのような大歓声が沸き上がった。湯浅は1球で2飛に打ち取り、流れを引き寄せたのだった。

勝利監督インタビューで岡田は「ファンの

声援でガラッとムード変わると思った」と話した。湯浅を思うファンの心情、湯浅本人の意気など、情が混じった用兵に思えたが、後に岡田は素っ気なく話している。「あの大歓声、オレは聞いてないんよ。審判に湯浅と告げた後は、ベンチ裏でたばこ吸うとったからな。聞こえてないんよ」

⁂

このように、日本シリーズだけでも、いくらも垣間見えた監督としての情なのだが、岡田はあくまで「勝負の世界、団体競技に情はいらんよ」と言い張る。それは照れ隠しであり、一方で信念でもある。

プロの集団である。野球で給料を稼いでいる個人の集まりである。誰かの出番が増えれば、誰かの出番は減る。当たり前の競争原理がある。監督として「選手の給料を上げてやりたい」と思う一方で「全員を幸せにすることはできない」という現実がある。

だから、岡田は采配に情を持ち込まない。非情と言えば非情である。

とはいえ、随所で情が垣間見えるのもまた確かである。「経営の神様」松下幸之助が「経営を進めていくときに大事なのは、事にあたってまず冷静に判断すること。それからそっと情を添えること。この順番が大切である」と語っている。岡田はこの理と情の順を間違わず、人心を掌握していると言えるだろう。

監督として選手との間に一線を引いているわけだ。一緒に食事することはない。グラウンドで特定の選手にアドバイスを送ることもない。「監督が特定の選手と飯を食いにいったり、教えたりしているのを見たら、周りの選手はどう思うんよ」。贔屓ととらえられるかもしれない。

選手を愛称や下の名前で呼ぶこともない。近年は監督やコーチが選手を下の名前で呼ぶのが当たり前のようになっている。選手との距離を縮めるため、親しみを込めて、呼んでいるのだろう。実際そうした指導を行うセミナーもあるらしい。阪神で言えば、ユウスケ（大山）、タクム（中野）、ヤギ（青柳）、スグル（岩崎）、チカ（近本）、テル（佐藤輝）……。評論家時代、そんな呼び方を耳にした岡田は「ユウスケって誰やねん」と表情を曇らせていた。

前回監督当時、主軸打者の浜中治を「ハマちゃん」と呼んだコーチに「選手をちゃん付けで呼ぶな」とたしなめたことがあった。選手を軽くみているようで、そんな調子だと成長も妨げることになる。

かつて近鉄監督に就任した西本幸雄が若手の栗橋茂を番記者が「クリちゃん」「クリ」と呼んでいるのを聞き、「ウチの3番バッターを気安くあだ名で呼ぶな」と怒ったそうだ。周囲の目や声が選手の成長を促すのである。井川慶は当初、茨城弁の「だっぺ」とあだ名がついていたが、20勝をマークし、エースの道を歩み始めるとチーム内で誰も「だっぺ」と呼ばなくなっていた。

同じ趣旨で、1962、64年と阪神をリーグ優勝に導いた監督・藤本定義は「選手に皮肉、駄じゃれを言うコーチは皆失敗する」と戒めていた。監督時代に書き残した膨大なメモが孫の自宅に残っており、箇条書きの「指導方針」の中にあった。やはり、監督・コーチと選手の間には一線を引くべきなのだ。

岡田は選手を必ず苗字で呼ぶ。佐藤輝も「佐藤」である。例外は「ミエちゃん」だろうか。陽気で愛嬌のあるヨハン・ミエセスを「あの明るさはベンチ内を明るくさせる。それもまた戦力よ」と話していた。「さあ、行こう」といった意味のスペイン語「バモス！」はチームに浸透し、劣勢時でも機運を盛り上げる。打撃はまだまだ伸び代がある。だから6月には早々に再契約での残留を言い伝えていた。ミエセスの明るさを損なわない呼び名が「ミエちゃん」だったのだろう。リーグ優勝祝勝会でも岡田は冒頭で「ミエちゃん、今日は主役ちゃうよ」と言い、ビールかけを盛り上げていた。

優勝パレードの車上で御堂筋を行くとき、岡田が「チカ、チカ」と近本を呼んでいる光景が動画に上がっていた。近本は社会人・大阪ガス出身。その本社ビルを見つけた岡田が教えてあげていたのだ。急いでいたため「チカ」となったのだろう。ふだんは「近本」である。

岡田は優勝が見えてきた8月になっても「オレは選手たちに嫌われていると思うよ」と話していた。「昔のように〝監督を男にしよう〟なんていう気持ち、今の選手にはないやろう」。いやいや、選手たちは十分に岡田を慕っていた。適材適所で働き場を与えてくれ、勝たせてくれる監督である。呼び名はどうであれ、情は伝わっていた。

Ⅲ

「当たり前」に伝える

追い込まれてもストライクゾーンは変わらんのやで

２０２３年の阪神打線で特徴的だったのは四球の多さである。チーム打率２割４分７厘はリーグ３位、84本塁打は５位、それでも総得点５５５は最多だった。この得点力を支えていたのはリーグ断トツ４９４個の四球である。前年の３５８個から38％も増えた。個人成績をみても、四球数で１位・大山悠輔99個、４位・近本光司67個、５位・中野拓夢57個、６位・佐藤輝明54個……と上位に阪神勢がずらり並ぶ。大山は４割３厘で自身初のタイトルとなる最高出塁率に輝き、チーム出塁率３割２分２厘もリーグ最高だった。

映画にもなったマイケル・ルイスのベストセラー、『マネー・ボール』（ランダムハウス講談社）で、大リーグ・アスレチックスＧＭのビリー・ビーンが「野球は27個のアウトを取られるまでは終わらない」と、最も重視したのは出塁率だった。２００４年刊行だが、今にも通じているだろう。岡田は「野球は変わったと言われるが、根本的な部分は昔も今も変わらない」と語っている。

同書ではビーンの師匠と言える先代ＧＭのサンディ・アルダーソンがマイナーも含めた組織全体に四球を増やすように命じるシーンが描かれている。〈傘下のマイナーリーグの選手たちは肝に銘じた。ボール球に手を出す癖が一番まずい。堂々と見送って四球で出塁することが、なにより称賛に値する〉。選手の意識を変え、定期的にデータを点検し。四球が少ないチームの監督を叱責した。「監督を呼びつけて『四球を増やさなかったら、おまえはクビだ』と言い渡した。とたんに、四球が増える。効果てきめんだった」

四球は相手投手が制球を乱したというだけではない。打者の選球や粘りといった姿勢で奪えるものなのだ。

岡田も『マネー・ボール』式に「四球を増やせ」と命じたのだろうか。「オレは一切、四球を増やせなんて言ってないよ」と否定している。四球増につながることばと言えば、2月の沖縄・宜野座キャンプ中、野手陣を集めて話した打席での姿勢だろう。

「去年までの試合を見ていて思うんやが、なんで無理な格好で初球から打ちにいくんや？　それから、2ストライクと追い込まれたらボール球を振って三振か凡打……。まずはストライクを打つ。それも狙いを絞って打つことよ。あのなあ、追い込まれてもストライクゾーンは変わらんのやで」

やさしく諭すように岡田は話した。「ストライクゾーンは変わらん」とは、物事の本質を突く岡田らしいことばである。

生涯通算2000勝をあげたと言われるニグロリーグの伝説の投手、サチェル・ペイジに「ホームベースは動かない」（Home plate don't move）という名言がある。ペイジは剛球に加え、無類の制球力を誇った。捕手の位置に棒を立て、その上にマッチ箱を置いた。20球投げ、13球を命中させた。初めてコンビを組む捕手が「サインをどうしましょう？」と問いかけたとき、「ミットを出しておいてくれれば、そこへボールを入れるよ」と答えている。佐山和夫『史上最高の投手はだれか』にある逸話だ。そして「ホームベースは動かない」である。「人種の壁」が壊され、42歳で大リーグデビューした時も、同じ野球、同じホームベースだと動じなかった。

打席で常に平常心でいた岡田に通じることばだろう。そんな話を向けると、岡田は「まあ、ことばは似ているな」とうなずいていた。

「四球を増やせ」とは言わなかった岡田だが、2022年10月の監督復帰の直後に「四球は増える」と予言している。甲子園球場で行った秋季練習が第2クールに入った10月28日だった。練習の合間、喫煙室で岡田と一緒になった。

「みんないいバッティングしてるよ。ほんまに」と選手たちのフリー打撃をほめた後、「なんで点が取れんのや?」と自問自答するように話した。「考え方なんやろうな。初球からなんでもかんでも打ちにいく姿勢を直せば、まだまだ打てるし、点も入るよ」

前監督・矢野燿大は「超積極的」という方針を掲げ、初球から積極果敢に打ちに出る姿勢を奨励していた。もちろん、あらゆるカウントで最も平均打率が高いのは0ボール—0ストライク、つまり初球である。これは昔も今も、大リーグでもプロ野球でも、高校野球でも変わらない。

岡田も承知しているが「何でもかんでも」が気になっていた。「狙い球をしぼれば、もっと四球は増え、打率も上がる」。2022年、近本の四球は41個で打率2割9分3厘だった。「60個なら3割よ」。確かにあと19個四球があれば、打率3割2厘の計算だった。

現役時代の岡田は「初球はほとんど振らなかった」と話している。「初球は何が来るのか分からない。球種はふつう5種類に分けられる。ストレート、スライダー、カーブ、シュート、フォーク。1ストライクを取られると4つに減る。2ストライクだと2つか3つに絞れる。オレは相手投手の決め球、一番いい球を打ちたかったんよ」

そんな岡田は現役晩年、ある記録マニアの男性ファンから手紙が届いた。通算200本以上本塁打を放っている打者で、2ストライク後の本塁打が最も多いのが岡田だとあった。配球を読んで打つ真骨頂で、わが意を得た思いがした。ちなみに、2ストライク後の本塁打率（何打数に1本、本塁打を打ったか）でみると、王貞治は15打数に1本、長嶋茂雄は24打数に1本だったと「記録の神様」と呼ばれた宇佐美徹也の著書にあった。

岡田の「ストライクゾーンは変わらん」というミーティング以降、選手たちの意識は変わっていった。岡田はさらに、球団にかけ合い、四球に対する年俸査定のポイントを引き上げた。球団幹部によると「具体的には話せませんが、従来1・0ポイントだった四球が1・2ポイントになった、といった感じです」と認めている。岡田はこの査定変更を公式戦開幕前、選手たちに伝えている。「四球は年俸アップにもつながる」と選手たちも強く意識に刻み込まれた。

四球が増える傾向はすでにオープン戦から見えており、1試合平均四球は12球団で最多だった。打撃コーチ・今岡真訪は「選球眼は目ではない。打ちに行く形がいいから悪球を見逃せる」と手応えを得ていた。

迎えた開幕カード。2戦目の4月1日のDeNA戦（京セラドーム）では延長12回裏、2死一塁から小幡竜平が四球を選んだ時、右こぶしを握り、小さくガッツポーズした。岡田はこの光景を見て「四球の大切さが浸透しはじめているな」と感じた。この後、坂本誠志郎の安打で満塁とし、近本光司が中堅左を破ってサヨナラ勝ちをおさめた。

シーズン中、着実に四球は増えていった。たとえば、中野は「がっつかなくなった」と振り返っている。「一歩引いて、冷静に考えられるようになりました。追い込まれても、なんとかフルカウントまでもっていこうとしています」。前年2022年、リーグ3位の157安打を放ったが、四球はわずか18個だった。5月23日には19個目の四球を選び、早くも前年の数字を超えた。

シーズンが進むにつれ、四球は阪神攻撃陣の強い武器となっていった。岡田は「ベンチ内もヒットを打った時より、四球を選んだ時の方が盛り上がるようになっていた」と感じていた。岡田が目指した粘り強い打線ができあがっていた。

中野はセカンドよ。ショートは打たんでええ。ファーストは右よ。

「守りの野球」を掲げた岡田にとって、2023年のゴールデングラブ賞に阪神から5人も選ばれたのは胸のすく快事だった。捕手・坂本誠志郎、一塁手・大山悠輔、二塁手・中野拓夢、遊撃手・木浪聖也、外野手・近本光司である。

投票結果が発表となった11月11日は秋季キャンプ地の高知・安芸への移動だった。大阪空港（伊丹）で搭乗前、「5人やろ？ 坂本も選ばれたんやなあ」と喜んだ。「センターラインが4人選ばれたんやなあ、そら一番、最高やんか」

センターラインとは捕手―二塁手・遊撃手―中堅手を結ぶ線を言う。守備の要となるポジションである。1957（昭和32）年に翻訳書が出た『ドジャースの戦法』（ベースボール・マガジン社）には〈強力な中央線と勝利との間には密接な関係がある〉と記述がある。

当時はまだセンターラインという用語が一般的ではなかったようだ。コミッショナーも務めた精神科医、東大名誉教授の内村祐之が「中央線」と訳している。〈この中央線が強力ならば、他のポジションの選手の力がすこしばかり劣っていても、そのティームは勝てるのだ〉。

阪神では1991年オフ、本拠地・甲子園球場のラッキーゾーンを撤去し、本塁打が出づらい今のサイズとなった。当時、編成会議を開いては「タイガースが目指すべき野球」を話し合い、文書化していった。球団社長だった三好一彦は「センターラインを強化した守りの野球」を掲げた。それが最も優勝に近づける道だと信じていた。間違ってはいなかったが、悲しいかな見合う戦力がなかった。

岡田はそんな重要なセンターラインを独占した受賞を喜んだ。なかでも二塁手で前年まで10年連続受賞していた菊池涼介（広島）をわずか3票差で上回った中野が光っていた。岡田は「一番ええとこ守らせたからな。能力を発揮できるとこを。それだけやんか」と自身の決断を満足そうに振り返った。

堅実な守備陣を築くカギとなったのが前年まで遊撃手だった中野の二塁手転向だった。岡田は評論家時代に中野の守備を観察し、監督就任時にはもうコンバートを決めていた。

岡田の眼力である。

スタンドから中野はいい選手だとみていた。社会人・三菱自動車岡崎からドラフト6位で入団し、1年目（2021年）から遊撃手のレギュラーを奪った。攻守とも器用にこなす姿を「大したものだ」とみていた。ただ、守備面で気になるところがあった。2022年の失策18はセ・リーグで最多だった。送球ミスが目立っていた。

「ときどき、一塁への送球が乱れるんよ。ポジショニングも結構前に浅く守っていた。これは肩に自信がないんだな、と思った。肩が弱いというほどではないが、中野の良さを生かすためにはセカンドがいいと判断した。うん、中野はセカンドよ」

遊撃手と二塁手では守備位置から見える景色も変わる。転向させられる選手の気持ちの問題もある。不安がないわけではなかったが、岡田には成功させる自信があった。

岡田自身も二塁転向を経験している。早大時代守った三塁には掛布雅之がいたため、1980（昭和55）年入団当初は二塁を守った。83年に右大腿二頭筋断裂の重傷を負い、外野を守る機会が増えた。84年オフ、監督に復帰した吉田義男は「センターラインの強化」を打ち出し、岡田を二塁に再転向させた。二塁手だった真弓明信を右翼手に回したのだった。

岡田が二塁に復帰した85年、日本一に輝いている。中野と同じ27歳だった。吉田は岡田をコンバートした当初から「日本一の二塁手になる。ゴールデングラブ賞を獲る」と周囲に予言していた。結果は見事的中となった。

❖ ❖

中野に代わる遊撃手には若手で強肩の小幡竜平と中野にポジションを奪われていた木浪聖也を競わせる考えだった。監督就任直後、高知・安芸での秋季キャンプで見た木浪について「思っていた以上に肩が強い」と見直し、評価を高めていた。迎えた開幕戦先発は小幡だった。小幡の打撃が低調となった7試合目からは木浪を先発起用し、以後定着した。「ショートは打たんでええ」と岡田は何度も繰り返していた。守備に重点を置き、打撃は「打てば儲けもの」と重圧を排除していた。だから木浪は8番・遊撃で固定した。

岡田は前回監督当時、同じく守備重視の点から「キャッチャーは8番よ」と矢野燿大を8番に固定していた。だが今回は打撃も期待できる捕手・梅野隆太郎を7番に起用できるため生まれた打順だった。ちなみに強力打線だった85年も下位は7番遊撃・平田勝男、8番捕手・木戸克彦で固定されていた。いずれも守備重視の2人だが、吉田が「どっちが年上や？」と聞き、1年年長の平田を先に打たせたと、ウソのようなホントの話がある。「打たんでええ」と言われた木浪は打ちまくった。5月末まで打率3割をキープしていた。木浪が出て、投手が送り、近本、中野の1、2番で還す得点パターンが目立った。また2死から出塁して投手で攻撃を終え、次の回に1番からの好打順をつくった。

木浪はいつしか「恐怖の8番」と呼ばれていた。ただ、岡田はいくら打撃が好調でも木浪の8番は動かさなかった。打順の巡りを大切にしていた。

優勝決定時、敗軍の将、巨人監督・原辰徳が「1番（近本）、2番（中野）、8番（木浪）、ここにかなりやられたなという印象ですね。競り負けたという印象です」と語っていた。「眠っていたような選手を生き返らせたり、その辺の選手掌握術は見事だったと思いますね」。眠っていたというのは、岡田も「この2年間何してたんや」と言った木浪の再生を指している。

中野も二塁転向で守備の負担が軽くなったのだろう。中野本人も「遊撃の時は守備のことばかり考えていた。二塁になり自分の打撃スタイルを考え直すことができた」と語っている。守備面でも遊撃時代より深く守り、広い守備範囲で再三の美技、好守でチームを救った。全試合、それもフルイニング出場を果たした。

堅い守備陣で忘れてはならないのが一塁手に固定した大山悠輔の好守である。バント処理など前後の動き、ゴロ捕球での左右への動き、さらにスクーピングと呼ばれるワンバウンド送球をすくう捕球など、いずれも一級品だった。前年まで三塁や外野との併用だったが、一塁で全試合出場を果たし、ゴールデングラブ賞初選出となった。

「オレ、いつも言うやろ。ファーストの守備の重要性」と岡田は満足そうに話した。前回監督当時、広島で遊撃手だったアンディ・シーツを一塁に起用して3年連続、新井貴浩もゴールデングラブ賞を受賞している。

また、岡田には「ファーストは右」という持論がある。一塁手が右投げの方がいいという。北陽（現関大北陽）時代の監督、松岡英孝から「左投げの一塁手で甲子園を逃した」と聞かされていた。1965（昭和40）年、夏の大阪大会3回戦、扇町商（現桜和）戦。1死二塁で三塁前にセーフティーバントされ、二塁走者が三塁を蹴って本塁突入。送球を受けた一塁手の転送が間に合わず決勝点を失った。左投げのため捕球体勢から反転する必要があった。

もちろん左投げならゴロ捕球から二塁送球が順転という利点もある。ただ、岡田は得失点に直結する本塁送球に有利な右投げ一塁手を望んでいるのだろう。シーツも新井も大山も、さらに言えば守備も安定していたランディ・バースも皆、右投げの一塁手だった。

中堅手・近本の守備はすでに定評があり、ゴールデングラブ賞は3年連続の受賞だった。さらに左翼で起用した新外国人シェルドン・ノイジーは大リーグ時代、二遊間をはじめ内野手での経験が豊富で、再三の好送球でピンチを救った。12補殺は桑原将志（DeNA）、秋山翔吾（広島）の7を上回りセ・リーグ最多だった。

開幕早々、岡田は「守備固めで途中交代させると怒るんよ」と話し、シーズン中盤からは最後まで守備に就かせた。日本シリーズ第7戦、左中間に上がった日本一へのウイニングボールをつかんだのもノイジーだった。

チーム失策85は前年の86とほぼ変わらず、6年連続でセ・リーグ最多だった。内野が土なのは今や12球団本拠地球場で唯一、雨も降れば風も吹く甲子園球場での守りは難しい。岡田は「守備はエラーの数じゃないんよ。大事な場面での痛恨のミスというのがあまりなかったやろ」と話し、狙い通り守り勝った優勝だと自負している。

4番は大山よ。みんなが認めんとあかんからな。

岡田は監督に就任した当初、2022年秋には4番候補として大山悠輔、佐藤輝明の2人をあげていた。同年の4番は佐藤輝が最多108試合。次いで大山33試合、メル・ロハス・ジュニア2試合が務めていた。

守備位置は大山一塁、佐藤輝三塁での固定を打ち出し「主軸を打つ打者の守備位置はコロコロ代えるもんじゃない」と話していた。ただ打順に関しては決めかねていた。

11月、高知・安芸での秋季キャンプを終え、年を越した。2023年1月28日、春季キャンプ前のテレビ番組に出演し「4番は大山よ」と明かしたのだった。

「4番はみんなが認めんとあかんからな。やっぱり大山かなあというのがキャンプで見えた。自覚というかね。そういう大山の姿を見て、このチームでは大山を4番にしないといけないなというのが見えた。練習の態度とかね。ふだん見ていても、大山の周りに選手が集まっていた。人が寄ってくる。慕われているんやろう。なるほどなあと思ったよ」

岡田の観察眼である。チームが信頼を置ける存在、それが大山だった。

さらに４番での固定も明言した。「打順はみんなの調子の波があるからな。でも、４番は代えたらいかんわ、４番は。４番を代えるときは危機のときや」

このキャンプ前の公約通り、岡田はレギュラーシーズン１４３試合、クライマックスシリーズ（ＣＳ）３試合、日本シリーズ7試合、計１５３試合すべてで大山を４番に据えた。大山は打率・２８８（リーグ5位）、19本塁打（9位）、78打点（5位）に加え、リーグ最多の99四球を選んで、最高出塁率（・４０３）で初の個人タイトルに輝いた。

この不動の４番は岡田野球の根底にある。前回阪神監督時代（２００４―２００８年）の5年間、全試合で金本知憲を４番で起用している。就任前年の２００３年、広島からフリーエージェント（ＦＡ）で入団した金本は監督・星野仙一ら首脳陣に「できるなら４番は打ちたくない」と申し出て、３番に座っていた。移籍1年目で目立つ４番を打てばファンの反応が重圧になると考えていた。３番として赤星憲広が走るまでの待球や、ゴロを打っての進塁打などつなぎ役、チームバッティングに徹していた。

2003年、阪神は18年ぶりのリーグ優勝を果たした。金本の成績は打率・289、19本塁打、77打点。そして93四球（リーグ最多）、出塁率・399だった。驚くほど、2023年の大山とそっくりな打撃成績である。広くて風が吹き、本塁打が出にくい甲子園球場を本拠地とする阪神である。主軸打者が勝利、優勝に向かうため、選球や待球、チーム打撃を行った結果なのだ。似たような数字が残るのだろう。

2003年の金本の打撃を三塁コーチボックスから見つめていた岡田は、あまりに抑制的、自制的な姿勢が歯がゆく映っていたのだろう。監督に就くと真っ先に「4番・金本」と心に決め、本人を呼んで伝えた。「攻撃に中心はお前や。全打席ホームランを狙え」

こうして2004年の金本は34本塁打、2005年には40本塁打を放って優勝に貢献したのだった。この成績上昇曲線を見れば、大山はまだまだ本塁打を打てる可能性がある。もっと4番らしい4番に成長する予感がする。

❖　❖

4番は打撃の中心で特別な存在なわけだが、特に人気チーム・阪神の4番の重圧は相当である。田淵幸一は「打てば大統領、打てなければクソミソ」と言う熱狂的なファンがいる。その後は掛布雅之、掛布引退後は岡田自身も4番を務めた。関西のマスコミは敗戦後、すべての責任が4番にあったかのような書き方になる。金本の後に4番を務めた新井貴浩（現広島監督）が「阪神の4番は特別だった。その重みは経験した人でないとわからない」と語っている。

大山も「毎日がプレッシャーだった」と常に重圧と闘っていた。2023年も幾度か打撃不調に陥った。それでも岡田は4番から外すことなど「全く考えなかった」と言う。

岡田はキャンプ中、「もっと前（投手寄り）で打て」とポイントを指導した。打球にスピンをかけて飛ばす打法を伝えたのだった。

8月22日の中日戦（京セラドーム）では3―3同点の延長10回裏2死満塁から、左翼線へサヨナラ打を放った大山を監督室に呼んだ。監督賞の賞金を手渡すためだったが、この時、岡田は「何かつかんだやろ」と声をかけた。大山は「はい！」と返事した。「具体的に何か話していたわけやないけど、返事する声はしっかりしていて、目が輝いていたよ」。岡田は大山の成長を感じ取っていた。

実はこの1週間前、打撃不振に陥っていた大山に直接指導を行っていた。岡田は「監督が直接指導するのは最後の手段」と言い、グラウンドではほとんど行わない。「そんなことをすれば、不調だということを相手を含めた周囲に知らせることになる」というわけだ。

だから、マツダスタジアムでの試合前、ブルペンの扉を閉めて鍵をかけ、チーム内の誰にも見られないようにして指導したのだった。力んで体が開き、左翼に体が向いてしまう悪癖が出ていた。岡田は素振りする大山に、センターへの打球をイメージして振れとシンプルに伝えたのだった。こうした時、岡田は決して難しいことは言わない。ひと言でズバリ核心を突く。この「センターへ打て」も打撃の基本だった。また、大山が明かしたところによると、岡田はベンチで大山の両肩を手でもみながら「リラックス」と声をかけていたそうだ。

❖　❖

広島とのCSファイナルステージ第2戦（甲子園）。1―1同点の9回裏1死、大山は栗林良吏のカットボールを右中間二塁打して、サヨナラ勝利を呼んだ。

1勝2敗で迎えた日本シリーズ第4戦（甲子園）。3―3同点の9回裏、1死三塁からオリックスは中野拓夢、森下翔太を連続敬遠し、満塁策を採ってきた。4番に勝負をかてきた場面。大山はフルカウントから三遊間をゴロで抜くサヨナラ打を放った。

いずれの時も、岡田は「センターへ打て」とアドバイスしていたのだった。

優勝が迫っていた晩夏のある日、岡田がつぶやいたことがある。「いろいろあるが、オレの一番の功績は大山を4番にしたことだと思うよ。本当の4番にな」

かつて野村克也は阪神監督時代、オーナーの久万に「エースと4番は育てられない」と補強の必要性を訴えていた。最下位となり「選手がいない」というわけだ。岡田は「それを監督が言ってはいけない」と感じたという。4番も育てることができる。入団以来、4番としては物足りないと言われた大山を立派に優勝チームの4番にしたではないか。岡田にはそんな自負があったのだろう。

監督と4番。当事者にしかわからない闘いがあった。リーグ優勝を決めた輪の中で、大山は涙を流し、岡田は抱きとめたのだった。

真っすぐを打て

日本シリーズ第1戦（10月28日・京セラドーム）での山本由伸（オリックス）攻略は見事だった。史上初の3年連続投手4冠（最優秀防御率、最多勝、最高勝率、最多奪三振）を達成した国内最高の投手から10安打を放ち、大量7点を奪って、6回途中で降板に追い込んだのだった。

難敵をどうやって攻略したのか。試合後、群がる報道陣に岡田は言った。

「いや、真っすぐを打てとしか言うてないよ」

そうなんだろう、と思って聞いていた。実際、0―0の5回表、5安打集中で4点を先取するのだが、佐藤輝明も渡辺諒も木浪聖也も近本光司も皆、追い込まれる前に直球を打ちに出て、安打を連ねていた。「真っすぐを打って、フォークを見送れって言っただけやもん」と平然としていた。

実にシンプルな指示である。ズバリ、グサリと急所を突く。一撃必殺のことばである。しかも、この「真っすぐを打て」という狙いを事前に予告していた。シリーズ開幕5日前の23日、甲子園球場での練習を終えた後、一塁側アルプス席に座ってトラ番記者に囲まれた。山本との対戦について質問が相次いだ。狙い球について「そら、真っすぐやろ」と言った。「当たり前のことをやったらええんやから。165キロの真っすぐやったら打てんと思うけどなあ。普通に考えたらええんちゃうの。まず真っすぐが一番の武器やねんから、ピッチャーっていうのは。それに合わして打つっていうことやろ」

この「真っすぐを打て」は岡田の基本姿勢で揺るがない。現役時代、速球に加え、落差の大きなフォークが武器だった「大魔神」こと佐々木主浩（当時横浜）に強かった。ある時、打撃コーチが「どうやって佐々木を打ってるんや？」と聞いてきた。「真っすぐ狙いですよ。フォークは打つ球じゃないでしょう。だって、誰もフォークの打ち方なんて教えてくれんし、練習もしてませんから」

1991年ごろの話である。30年以上も前から、「速球を狙い、フォークを見逃す」という基本姿勢は変わっていない。

岡田が監督に就任した当初、65歳という高齢で、15年ぶりの阪神復帰とあって「令和の時代に昭和の野球」などという声も聞かれた。時代は移り、トラックマンやホークアイで投球や打球の軌跡を分析し、打球傾向などビッグデータを利用する野球が全盛だった。しかし、岡田は「野球の本質は昔も今も変わらんよ」と話していた。

❖　❖

山本攻略は岡田の言葉を裏づけていた。岡田の打撃理論は「前で打て」が根底にあり、チーム内に浸透していた。山本は同じ速球でもカット気味、シュート気味……とボールが小さく動く。引きつけて打っていてはバットの芯を外れ、ボテボテのゴロになると岡田は見ていた。

〈「動くボール」は前で打て〉と、大リーガーにもアドバイスするプロウト（プロのシロウト）、お股ニキが『セイバーメトリクスの落とし穴』（光文社新書）で書いていた。〈速くて動くボールを必要以上に引きつけて打ったら、当然タイミングは遅れる。中途半端な140キロ強のボールなら打てるかもしれないが、150キロ近くで変化するボールを必要以上に引きつけ、ボテボテのゴロを打っている打者は比較的多いと思う。彼らはこうしたボールに対して「重い球」と感じていそうだ〉。松井秀喜がヤンキース入りした当初、動く速球への対応に苦しみ、地元マスコミが「ゴロキング」と書いたのを思う。だから〈動くボールは変化する時間が短く、変化量も小さいのだから動く前に手前で捌いてしまうのもひとつの考え方だ〉。

まさに岡田の考え方である。岡田は自身の経験と感覚で、お股ニキは最新の分析とデータで同じ方法論にたどりついているわけだ。

あの第1戦の試合後も岡田は「分析なんかそんなしてないよ。してない、してない」と話した。「分析して打てるもん違うよ、野球いうのは。そんな分析とか、そんな難しいことなんかできへんて」

映画『人生の特等席』（2012年）はデータ全盛の野球界に疑問を投げかけている。主人公は鷹の目を持つと言われた大リーグ・ブレーブスの老スカウト（クリント・イーストウッド）だ。「コンピューターも必要と思わないか？」と言う球団幹部に「コンピューター？　野球を知らないやつが使うものだ」と言い返す。「野球に大事なのはいいスカウトだ。いい選手を見極め、野球がどうあるかを決める。コンピューターは選手の勘も分からない。4打数0安打の選手が翌日、普通の顔で戻ってくることもある。それがコンピューターに読めるか?」」。岡田も「4の0なら、そろそろ打つころやろう」と抜てきしたりする。「スタッツ（成績や統計）はビキニを着た女性のようだ」と、1970―80年代にレンジャーズなどで活躍、90年代には監督も務めたトビー・ハラーが語っている。「多くを見せてくれるが、すべてではない」

野球はもっと人間的なスポーツだととらえている。だから山本と対戦5日前のあの日、「なんでそんなに山本、山本って言うんや」と言ったのだ。「山本、山本って言うけど、オレは第1戦に投げるピッチャーとしか思うてないよ。山本やから最初からはい、打てませんて。そんなんやったら、試合やらんといたらええやん。もう棄権するわ。成績がええからって、絶対打てへんなんてあるわけないやん」

この言葉を聞いた（記事で読んだ）選手たちは奮いたったことだろう。絶対などない。人間だから失敗もすれば、緊張もする。立ち向かう気概が必要なのだ。選手たちは第1戦の重圧と緊張のなか、球界随一の投手に向かっていったのだった。

攻略から中6日で迎えた日本シリーズ第6戦（11月4日・京セラドーム）で再び山本と対戦となった。9安打を放ったが得点はシェルドン・ノイジーのソロ本塁打による1点のみ。14三振を喫し、完投で敗れた。9本のうち、変化球をとらえた安打が6本もあった。

前回とは異なる配球だったのだろう。岡田は「今さら何を言うても仕方ないよ。明日投げるわけじゃなし、もう1年ぐらいは会えへんやろ」とサバサバしていた。

後日、聞くと、第1戦では同じ真っすぐでも「低めを狙え」と指示していたそうだ。低めへの制球がいい山本対策だった。「それが2回目に対戦した時は真っすぐを高めに使っていた。若月（健矢＝捕手）が高めに構えていたんよ」。相手もさすがに対抗策を練っていたわけだ。

〈勝つ時もあれば、敗れる時もある。それが人生に似ている〉と作家・伊集院静が野球について『逆風に立つ』（角川書店）で書いている。〈百万回ゲームをやっても、同じゲームは一度としてない。（中略）日々、勝者と敗者は生まれる。今日は敗れたが、明日は必ず打ち砕いてやる。ひとつの勝利がもたらすものは選手にとってもファンにとっても真の価値であり、希望なのである〉。岡田もそんな希望を選手に植えつけ、ファンに与えながら戦っている。

ドアを閉めろ。落ち込む必要なんてない。

2023年のシーズン中のある春の日、岡田がヘッドコーチの平田勝男やコーチ陣に「何してるんや」と声を荒らげたことがある。試合に敗れ、甲子園のクラブハウスに引き揚げると、コーチ室でコーチ陣がしょんぼりとして静まり返り、岡田の帰りを待っていた。

「ドアを閉めろ」と岡田は言った。「コーチがそんな沈み込んでいる姿を見せたら選手がどない思うんや。もう終わった試合で落ち込む必要なんてない。切り替えたらええんや」

岡田の姿勢がよく分かる逸話である。

シーズン143試合は長い。1つの勝利、1つの敗戦で一喜一憂していたら、心はもたない。ましてやプロ野球は勝率5割台でも優勝する際どい勝負の世界である。どれだけ勝ちまくっても50敗はする。負ける度に落ち込んでいては、明日への活力もわいてこないというわけだ。

だから基本的に試合後のミーティングはもちろん、コーチ会議は行わない。

負けた試合では打たれた投手も、打てなかった打者も、エラーをした野手も誰もが責任を感じている。担当のコーチも反省点や修正点はわかっている。負けた後にわざわざ指摘されると心が乱れることだろう。

「勝った後はコーチ会議してもええんよ」と岡田は言う。勝った後ならば、相手が指摘する話も聞ける心の余裕がある。勝ったからといって選手全員が活躍しているわけではない。課題を確認するタイミングとしては悪くないというわけだ。

巨人V9で監督・川上哲治を支えたヘッドコーチ・牧野茂も「勝った後こそミーティングを行う」と語っている。「なぜ勝てたのか。勝った時の特徴を拾い出して選手に覚え込ませる」。労働省（現厚生労働省）広報室編『労働時報』1980年3月号にあった。「すると、この形になるとオレたちは勝つ、という自信ができます。ぼくらは〝1点を争う試合は絶対に負けない〟が信念でした」

この話をコラム「追球」で書いたのは2023年8月6日だった。横浜でDeNAに3

—2で競り勝った試合である。岡田の考えに通じていると思い書いた。

ただ、この試合も綱渡りのような内容だった。先発・伊藤将司が1点リードで6回まで踏ん張った。7回裏、浜地真澄が招いた1死二、三塁のピンチを島本浩也が圧巻の投球でしのいだ。8回裏もカイル・ケラーが自作自演のピンチを脱出。9回裏はしのつく雨のなか、岩崎優が締めくくった。

岡田はこの頃、よく「強くなったなあ」と繰り返し、チームの成長に手応えを感じていた。牧野が言うように、特に接戦で終盤を迎えれば負けないチームとなっていた。

❖　❖

前監督・矢野燿大の時代は毎試合後、コーチ会議が開かれ、翌日の先発オーダーまで決め、選手ロッカーに貼り出されていた。ただ、それでは当日の試合前練習で選手たちのモチベーションが上がらない。岡田は当日の練習の動きや状態を見て、先発オーダーを決めるように改めた。

その先発オーダーも基本的に打撃コーチの水口栄二とヘッドコーチ・平田が叩き台を提出し、岡田が修正すべき場合は手を入れて、最終決定していた。

２００３年、監督・星野仙一の下で優勝した当時も、オーダーはチーフ打撃コーチ・田淵幸一が提案し、星野が承認する形でつくられていた。当時、内野守備走塁コーチだった岡田は試合前までスタメンを知らなかったそうだ。

かなり独裁的なようだが、コーチ会議を開いてみんなで決めるという合議制は民主的とはいえ、責任の所在があいまいになる。負けた時の言い訳にもなるだろう。会議ばかり開いている会社が成長しないのと同様のことだ。

そう言えば、敗れた試合後の監督会見で、岡田はいつもケロッとして報道陣の前に姿を見せた。トラ番記者を見つけると「おう」と一声かけて会見は始まった。敗戦に記者団の方が沈み込んでいると「何を沈んでんねん」と笑った。敗戦後は努めて明るく振る舞っていた。

負けた後は「カエルの面《つら》に小便」だと西本幸雄もよく話していた。監督として阪急、近鉄を球団創設初優勝に導くなど、リーグ優勝８回の名将である。「カエルの顔に小便をかけると何と鳴く？」と言った。「ケロッ、やろ。ケロッとしておけという意味や」

相当に厳しい指揮官だった西本だが、こんなユーモアもあったのだ。そして何より選手たちを優しさで包み込んでいた。

西本が没したのは2011年11月25日だった。心不全のため、宝塚市の自宅で息を引き取った。91歳だった。その日は岡田54歳の誕生日だった。命日と誕生日が同じなのだ。

2人はゴルフを一緒に行うなど、親交があった。阪神監督時代は評論家の西本と対談も行っている。西本の通夜に参列した岡田は「監督としての姿勢を教わった」と話していた。敗戦後に切り換える重要性も学んでいたのだろう。

NHK朝の連続テレビ小説『カーネーション』で玉音放送を聴いた主人公・糸子がすっくと立ち上がり、言う。

「さ、お昼にしょうけ」

終戦に打ちひしがれる人びとを前に、強く生きていく決意がみなぎっていた。

映画監督・黒澤明は〈悲しいことや悩みのある時、「クヨクヨしてても仕方ない、飯食って寝るだ」と、必ず口にした〉と長女・黒澤和子が著書『黒澤明「生きる」言葉』（PHPハンドブック）に記している。

岡田も分かっていた。だから冒頭に書いた敗戦後もコーチ会議などないことを伝え、「はよ帰れよ」と命じた。岡田は甲子園から自宅に帰りバドワイザーの缶を開け、遅い夕食をとって、すぐに寝てしまった。

Ⅳ

現場で育てる

育てることと勝つことは同じこと

岡田はワールド・ベースボール・クラシック（ＷＢＣ）日本代表の監督を断ったことがある。

オリックス監督時代の２０１１年５月22日、セ・パ交流戦で巨人戦（東京ドーム）を終えた後、当時コミッショナー顧問、後にコミッショナーに就く熊崎勝彦から食事に誘われた。両者は岡田が前回の阪神監督を退いた後、年俸調停や紛争処理を行う日本野球機構（ＮＰＢ）調査委員会の委員長と委員の間柄で親交があった。

当時、球界では日本代表チームの常設化を進め、２０１３年開催の第３回ＷＢＣに向けた監督人選を進めていた。常設化と「侍ジャパン」の呼称が決まるのは、この熊崎―岡田会談のあった年の10月である。

熊崎は日本代表のあり方などを岡田に尋ねた後、日本代表監督就任を打診した。「WBCの監督を頼むよ」と言うと、岡田は「嫌です」とすぐに断った。酒も入り「やれよ」と誘われたが「無理です。できません。断ります」。ちなみに熊崎は東京地検特捜部長時代、金丸信の巨額脱税事件、ゼネコン汚職事件などを担当し「落としの熊さん」と呼ばれていた。

岡田は「すぐに断ったよ」と述懐する。「自分で選手を選ぶなんてできん。12球団、大リーガーから選手を選ぶのが嫌なんよ。そもそも、こういう野球をやりたいという理想なんてないからね。与えられた戦力、チームでやれと言われれば、どうすれば勝てるかなと考える。そのための引き出しは5つも6つも持っているけどね」

岡田が断った後も監督選考は難航し、山本浩二に決まったのは2012年10月だった。監督はあくまでフィールド・マネジャーだという本来のあり方を貫いている。大リーグでも戦力整備はゼネラル・マネジャー（GM）の仕事である。戦力に応じて勝てる方法を探る。戦略家である。そのための引き出し、方法論はいくつも持っている。

子どもの頃から、岡田は考えることが好きだった。いつも、どうすれば勝てるかと考えていた。父・勇郎は経営する大阪紙工所が忙しく、朝陽ケ丘幼稚園の入園式も祖母に連れられた。父は「頭が良くないと野球はできんが信条」だった。大阪市内最古、1872

（明治5）年開校の愛日小学校（1990年閉校）に入学、電車を乗り継いで通った。家庭教師もついた。近所に友だちはいなかった。自宅近く、大阪女学院の塀にボールをぶつける「一人野球」で遊んだ。隣の玉造公園も大切な練習場だった。

前回監督時代、「この作戦はどこで考えたのか？」と問われ「ブランコの上」と言って記者たちを驚かせた。玉造公園のブランコに乗りながら考えていたのだ。明星中時代の春休み、甲子園球場で観戦した1972（昭和47）年の選抜高校野球決勝で、日大三高が行ったピックオフプレーが目にとまった。スクイズ警戒で三塁手が前進、三塁走者のリードが大きくなると、後方から遊撃手が三塁に入り、投手がけん制球を放った。「あんなプレー見たの、後にも先にも、あの時だけよ」。鮮明に覚えている。

現役時代56・5センチだった帽子のサイズが前回監督時代には58・5センチと2センチも大きくなった。「考えてばかりいると、頭が大きくなるんよ。監督を辞めるとまた元に戻ったわ」

❖ ❖

話がそれた。岡田がＷＢＣ監督を断ったのは「与えられた戦力で勝つ」のが監督だと考えているからである。選手獲得や補強はフロントの仕事だが、監督の方針もある。岡田は補強よりも育成を主眼に置いていた。

前回監督を退いた後、２００９年2月、評論家として訪れた巨人キャンプ地・宮崎で当時巨人球団代表だった清武英利から「ぜひとも話を聞かせてほしい」と頼まれ、会談した。目の前で始まった巨人紅白戦が6回まで進んでいた。2時間ほど2人だけで話した。〈たいしたもんやと思ったよ〉と著書『オリの中の虎』（ベースボール・マガジン社新書）に記している。〈阪神の監督を辞めたばかりの人間をこうして丁重に迎えて話を聞くという、その姿勢がすごいと思う。阪神のフロントにそんな人間おるか〉。

テーマは育成と勝利だった。その両立が難しいという清武に岡田は「同じですよ」と答えている。「育てることと勝つことは同じこと」という信念があった。阪神2軍監督時代、主軸に22歳の北川博敏、18歳の浜中治、関本賢太郎を起用し、ウエスタンリーグで優勝。選手たちはそろって1軍戦力に育った。清武は「選手が育たないのでＦＡや外国人で補強をしている」と話すと「逆でしょう。そんなに獲ってふたをするから若手が出てこられないんですよ」と持論を展開した。「岡田さんの話はウチの原監督とは正反対でした」と言ったそうだ。清武は「育成の巨人」を掲げ、3軍構想を進めていた。著書『「巨人軍改革」

戦記』（新潮社）で岡田との会談で得た教訓として「何より我慢が必要」と岡田の言葉を記している。

岡田は育てる監督である。〈監督業とは年ごとの収穫を期待される農民のようなものだ〉と、かつて草野進が書いていた。プロ野球のシーズンは長く、年単位だ。春まだ浅い2月に種をまき、梅雨や猛暑や台風をしのいで秋の収穫を迎える。

育てるためには我慢や辛抱もいとわない。育つのを待つことも平気である。〈「待つ」は偶然を当てにすることではない〉と哲学者・鷲田清一が『「待つ」ということ』（角川選書）で書いている。〈信頼の最後のひとかけらがなければ、きっと、待つことすらできない〉。マイナス思考の岡田だが、選手への期待と信頼を抱きながら待つのだろう。

優勝・日本一となった２０２３年も育てながら勝った。プロ2年目、弱冠20歳の前川右京を24試合、先発で起用した。３番抜擢は6月7日で、後に3番に定着する新人・森下翔太よりも早かった。22歳の井上広大も春先6番で9試合に先発起用している。前年までプロ未勝利だった村上頌樹は新人王、最優秀選手（ＭＶＰ）とブレークした。先発左腕だった2年目の桐敷拓馬は後半戦、救援として起用し「スペードのエース」と呼ぶほど切り札となった。フレッシュオールスター（7月18日・富山市民）で9回に登板し、3者凡退に取る投球をテレビで見た岡田が「これはいける」と感じ、すぐに1軍に引き上げた。さらに優勝を決めた後に1軍で救援、先発と2試合登板させた高校出新人の左腕、門別啓人は2024年の飛躍を見ている。まだまだ若手、ファームに成長を期待する選手がいる。「待つ」楽しみがある。

岡田は外国人不要論を唱える。以前は「日本人選手の働き場所が減る」という意味だったが、今回監督に就いてからは別の視点で語っている。秋季キャンプ中の11月15日、安芸のサブグラウンド横にある小屋で、シェルドン・ノイジーの残留を明かし、次のように話した。

「最近はどこも外国人で失敗しているやろ。もう大物外国人がやって来る時代ではなくなった。日本のレベルも上がったしな。なかなか日本で通用せんよ。もう、外国人なしでもええんちゃう。減らしたらええんちゃう。日本人に金使ってあげたらええのにな。オレはそう思うけどな」

報道陣の輪がとけ、腰をあげると、にやりとして言った。「外国人なしやったら、もっと勝ったるわ」。外国人補強なし、育成勝負ならば、負けはしないという自信である。

コーチは教えるな

「コーチは教えるな」は、岡田からよく聞いた話だ。

「コーチは選手に教えるのが仕事だと勘違いしている」と言うのだ。試合前の練習、キャンプでの練習の間、選手に懸命に教えているコーチがいる。教えている光景を見せているように映る。誰に見せているのか。記事を書くマスコミか、指導力をみているフロントか、またはスタンドのファンか。コーチは「自分が育てた」と言われたい、胸を張りたいと思っている。これが間違いの元だという。

有能な新人がプロ入りし、コーチの独りよがりの指導で力を発揮できずに消えていった例はいくらもある。たとえは古いが、1956（昭和31）年、新宮高（和歌山）から入団した「高校球界の麒麟児」井崎（旧姓・前岡）勤也は「僕は失敗例だった」と語っていた。

ドラフト制度などない自由競争の時代、当時史上最高の契約金700万円で阪神に入団した。ところが3月に卒業式で一時帰省し、夜行列車で早朝に帰阪した当日、毎日（現ロッテ）との定期戦（オープン戦）で「顔見せ」先発させられ、四球を連発して自信をなくした。その後も投手コーチにフォーム改造を繰り返され、プロ通算1勝で引退に至っている。井崎は阪神OBとして「僕はモルモットだった。実験で失敗とわかったのだから、今後に生かしてほしい」と警鐘を鳴らしていた。それでも阪神では金の卵が孵らぬうちに壊してしまう失敗が後を絶たなかったという負の歴史がある。

岡田は「ドラフトで獲った選手はスカウトが評価した、一番いい状態をまず見ることだ」と言う。「わかりやすい例」としてあげるのが野茂英雄とイチローだった。独特な野茂の「トルネード投法」や、イチローの「振り子打法」をコーチの指導でやめさせていたら、あれほどの結果を残せていなかっただろう。

この両者を若手の頃に見守り、素質を開花させた監督が仰木彬だったことは暗示的である。仰木は〈「個」の尊重〉〈「変則」という「個性」〉を重んじたと著書『勝てるには理由《わけ》がある。』（集英社）に記している。〈誰にもマネできない独自のものを持っていることが、一流になるための重要な条件だと言っても過言ではない〉

岡田は現役最晩年のオリックス時代を仰木のもとで過ごし、引退後はオリックス2軍助監督兼打撃コーチとして指導者生活を歩みだした。個性尊重の仰木流が自然と身についたのだろう。

その後、阪神に戻り2軍監督となり、1軍監督に野村克也が就いた。野村は手短に言えば「選手の短所を直してやる方が早い」という指導方針だった。「長所を伸ばす」という岡田とは考え方が違っていた。「角を矯《た》めて牛を殺す」では元も子もない。

このため、新人や若手選手は「まず見る」と岡田は言う。さらに、ある程度実績のある選手も「見る」。とにかく、選手が今どのような状態にあるのか見極める。そして「聞かれたら、答えればいい」。答えるために見るわけだ。答える時も指導というよりは助言、アドバイスを施すといった感じで行う。好調時の状態をできるだけ長く保てるようにアドバイスするわけだ。主力クラスには「年俸1億円を超えた選手に何を教えるんや？」となる。「教えて選手が調子を崩し、給料が下がったら、コーチが補償できるんか」という話は大リーグのコーチからも聞いた。

❖

❖

この点で2023年、岡田が監督に復帰して、打撃コーチに呼んだ今岡真訪は「見る」コーチだった。球場での打撃練習中、ほぼ不動、無言でいる。ただただ見つめている。「その今岡が朝に教えているらしい」と岡田から聞いた。もう8月になっていただろうか。「グラウンドでは何も教えていない今岡が午前中早くに室内で選手に教えているらしいんや。オレも知らんかった。最近聞いたんよ。驚いたよ」

リーグ優勝が目前に迫った9月、トラ番が今岡をインタビューする機会があった。今岡は「僕の仕事は選手を見ること」と語っていたのには感心した。「選手が何か変えたら気づく。何か言ってきたら、どう答えようかと思って、毎日練習と試合を見ている。僕は教え魔なので、すごく教えたい。でもみんなそれぞれ自分の理論を持っている。なぜ言わないかというと、全員に当てはまらないからです。レギュラーで毎日試合に出ていたら考えていますから」

そして「聞かれたら答える」である。「選手は間違いなく聞きにきます」という。その指導の場がグラウンドではなく、室内練習場だったのだ。まさに、岡田の考えるコーチ像に見合っていた。

「コーチ」はもともと、15世紀にハンガリー北部の町「コチ」で製造が始まった「4頭立ての馬車」という意味だ。高級皮革製品のブランドＣＯＡＣＨ（コーチ）のロゴマークに描かれている馬車である。同社は野球とつながりが深い。１９４１年、ニューヨーク・マンハッタンで創業した当初は「実は野球のグラブがきっかけでした。使い込むほど、しなやかさが増す革に感化されたのです」と同社広報担当に聞いた。ジョー・ディマジオ（ヤンキース）、テッド・ウィリアムス（レッドソックス）ら当時の大リーガーが愛用するグラブと同じ牛革素材が使われ、後に独自開発した「グラブタン・レザー」として知られるようになった。

「コーチ」という言葉は、馬車から派生して「目的地まで（馬車で、快適に）送り届ける」との意味になった。つまり、選手を目的地まで連れて行ってくれる人がコーチなのだ。

「野球のコーチはサンドイッチ」と言ったのはアル・カンパニスである。１９５０—60年代、大リーグ・ドジャースのコーチなどを務めた。巨人Ｖ９の指南書『ドジャースの戦法』の著者として知られる。当時の巨人ヘッドコーチだった名参謀、牧野茂がカンパニスから直接聞いた話として『人生読本—野球』（河出書房新社）で語っている。「上のパンは監督、下は選手。コーチは中身だから、時にはビーフになったりエッグになったりする。味を出すのが役目だ」

同じ意味で「コーチは中間管理職」と岡田は言う。「監督からは厳しい指示、選手から不平不満をぶつけられる。板挟みになることもある」

そのコーチたちに向けて「キャンプではコーチが主役だ」と話している。「どんな練習メニューをつくっても構わない。こんな練習をしたいと言ってきてほしい。開幕までに、こんな選手を作りあげましたというものを持ってきてほしい」

そんな意図を受けて、２００８年、岡田の下で作戦兼バッテリーコーチを務めた木戸克彦（現球団プロスカウト部長）が「監督が使いやすいように部品を整えていく」と話していた。「部品部品をどう機能させていくのか。それは監督が考えればいい。キャンプではまず、コーチが部品を磨きあげることだ」

岡田はコーチ陣編成にあたっては生え抜きばかりでなく、異なる球団出身者を採用するべきだとも語っている。「阪神出身者ばかりだと、これまで経験した阪神のやり方しかできなくなる。他球団の練習方法など、角度の違った情報も入ってくる」というわけだ。

今回、岡田が監督に就いた際も、オリックス出身の水口栄二を打撃コーチに、馬場敏史を内野守備走塁コーチに招へいして、活性化をはかった。

このコーチングスタッフを組閣する際、注目されたのは当時2軍監督だった平田勝男の処遇だった。

2022年1月31日、キャンプイン直前に当時監督の矢野燿大が「今シーズン限りで監督を退く」と異例の宣言をして波紋を呼んだ。球団は水面下で次期監督の選定作業を進め、候補に掲げたのが平田だった。この球団案は阪神電鉄本社を通じ、さらに上層部の阪急阪神ホールディングス（ＨＤ）会長兼ＣＥＯの角和夫まで上申された。角が頭に描いていたのは岡田の再登板だった。この件はまた別稿で書きたい。ともかく球団は平田の監督昇格案を取り下げ、岡田に要請となった。

岡田は球団が平田を推していたことを承知している。球団としては監督候補にまで掲げた平田を何とかヘッドコーチとして残したい。監督要請を行った際、平田のヘッドコーチ案を打診すると、岡田は「ええよ」とあっさり同意した。後に岡田は「あの時、球団幹部はホッとした顔をしていたよ」と笑っていた。波風は立たなかった。いや、言いたいこともあったはずの岡田は何も口にせず、波風を立てなかったのだ。

監督落選となった平田の方は「なんちゅうこともないよ」と平然としていた。「こういう定めと言うか運命よ。オレに力がなかったということよ。それに人間、何が幸いするかわからん。オレはこれで良かったと思っている。とにかく岡田監督の力になって、何とか優勝監督にしたい。男にしたい。心からそう思っているよ」

平田と岡田は二遊間コンビを組んだ現役時代から長い交流がある。岡田が前回監督当時もヘッドコーチを務めていた。時に独特な言い回しで分かりづらい岡田のことばに耳を傾け、その意図をくみ、かみ砕いてコーチ陣や選手に伝える。そんな役割に徹した。練習中は厳しく、優しく選手に接する。そして何よりも明るい。

哲学者・鷲田清一が『しんがりの思想』（角川新書）でリーダー論を展開している。〈上司の命を待つのではなく、一人ひとりが自分で考え、タフに行動する組織がいちばん活力がある〉。岡田が優勝前後に繰り返した「選手個々が自分の役割を全うしていた」という感慨は、まさに強い組織を示している。

そのため必要なのが〈番頭のような二番手〉だという。サルの集団での実験を引用している。ナンバー1のボスをロボトミー（前頭葉切除）しても〈ナンバー2が権力欲を持たずに、しかも余裕とユーモアを持ってまとめていく能力があったら、その集団は決して崩れない〉。

まさに平田ではないだろうか。〈ユーモア〉はもちろんある。日本一祝勝会で「宴も竹中直人（たけなわ）ですが、日もどっぷり暮れたところで、中島みゆき（中締め）させていただきます」と、駄じゃれ連発のあいさつは爆笑を誘った。「お疲れ生です」とアサヒビールのCMをまね「コマーシャル待ってます」と言うと、同社から本当に依頼があり、CM動画に出演となった。さらに〈権力欲を持たず〉が的を射る。優勝決定後も「やっぱり、オレは永遠のナンバー2だな」と笑い飛ばしていた。

優勝決定後、岡田は球団と話し合い、コーチ陣は全員留任と決めた。2軍コーチに渡辺亮、上本博紀を招いただけだ。勝ったから、このままでいい、と安易に考えたのではない。変化を求めず、現状維持では後退する。てこ入れも頭にあったようだが、熟考のうえ全員留任で落ち着いた。岡田のコーチへの注文は厳しい。優勝できた経験を上積みとして、連覇に挑む構えでいる。

「心技体」より「技心体」よ

俗に「心技体」という。武道では古くから精神、技術、体格の3要素がバランス良く整ったとき、最大限の力が発揮できるとされる。

もちろん、バランスは大切なのだが、岡田はあえて「技心体」と順番を入れ替えて話す。はじめに技術ありきだというのだ。

「心技体で大切な順に言えば、技心体よ。選手にもそうやって話してきた。一流の選手になるためにはまず技術がいる。次いで精神面の充実。体力は最後だろう。プロに入って、〝最初は体づくり〟とよく言われるが、体力強化ばかりを優先して、プロで一番必要な技術を教えてやらないと、出番など巡ってこない。体だけならアマチュアにもたくましい選手は山ほどいる。技術を身につけて、今まで打てなかった変化球が打てるようになれば、これまで以上に打球が飛ぶようになれば、野球がおもしろくなって、練習にも積極的に取り組むようになる。そうすれば、自然と体力もついてくる」

岡田は今回、監督に復帰して、この持論が間違いではなかったと意を強くしたという。

2022年10月、甲子園での秋季練習、11月、高知・安芸での秋季キャンプ……と過ごし、選手たちの目の色が変わっていくのを感じていたという。

「選手たちの食いつきというのかな。ちょっと教えただけで興味深く、よく話を聞くんよな。今まであまり教えてもらってなかったんかなあ。だから、吸収するのも早いわ」

直接、岡田が教えるというよりも、コーチを通じての指導だったが、選手たちは岡田野球を素早く吸収していった。岡田はうれしかったのだろう。妻・陽子も「選手たちが一生懸命に話を聞いている、と話していました」と、自宅での会話にもなっていた。「夫は自分が培ってきた野球の技術をできるだけ多くの人に伝えたい。そんな職人のような気質でやっているのだと私はみています」

❖　❖

岡田は往年の阪神の名選手で、優勝にも導いた監督である。厳しいとの評判も耳に入っていた。今の若い選手たちにとっては、現役時代はもちろん、監督時代も知らない者が多く、「どんな監督で、どんな野球をするのだろう」と身構えていた部分があった。

かつて、西本幸雄が阪急（現オリックス）監督を辞任してすぐ、近鉄監督に就任した1973（昭和48）年秋と似ている。西本は阪急を5度リーグ優勝に導いた実績があった。厳しさには定評があった。一度も優勝したことがない近鉄の選手はある種、畏怖の念を抱いて新監督を迎えていたようだ。西本の述懐を覚えている。「オレが何かひと言言うと、スーッと、綿に水が染みわたるように吸い込まれていったよ」

多様な意見はあろうが、岡田の言う「はじめに技術ありき」はプロとして、あるべき姿ではなかろうか。

これは勉強にも通じている。受験勉強の方法論として「いきなり入試問題を解く」と喜多川泰『手紙屋　蛍雪編』（ディスカヴァー・トゥエンティワン）にある。「手紙屋」は受験生に、英文問題でまずは単語からと思っても「辞書を全部覚える日は絶対に来ない」、日本史で全部覚えてからと思っていたら「いつまでたっても問題を解くところまでいかない」と諭す。

基礎から段階を踏んで……と部分を積み重ねるより、全体から理解するべきと野口悠紀雄『「超」勉強法』（講談社）にもある。山を登るのに一歩一歩……ではなく「鳥の目」となって全体を把握する。〈上から見れば、よく見える〉からだと説く。一方で〈基礎は退屈で難しい〉。

まさに岡田理論ではないか。「1軍に行くには最低限このぐらいのことができないと戦力にはならないという技術を教えてやることが最初だと思う」という考え方と同じである。1軍レベルを肌で知れば、自分に足りない部分も見えてくる。練習法にも工夫とやる気が出てくる。「技心体」の意味である。

あれは野球選手やない。

佐藤輝明を2軍に落としたのは6月25日だった。その前日24日、DeNA戦（横浜）の試合中、岡田は2軍降格を決めていた。何があったのか。

24日、岡田は佐藤輝を先発メンバーから外した。シーズン5度目のスタメン落ちだった。6月に入って打率・179、1本塁打、8打点と打撃不振に陥っていた。試合前、コーチからスタメン落ちを聞いた佐藤輝は練習中、守備練習をしていなかった。おかしいなと思った岡田は近くにいた木浪聖也に「去年までスタメンを外れたやつはノック受けないようにしていたのか」と尋ねた。「いいえ、そんなことはありません」という返事だった。

さらに試合が始まっても佐藤輝はベンチにいなかった。コーチ陣に「佐藤はどこ行ったんや？」と聞いた。佐藤輝はロッカーでテレビを見ていたという。蒸し暑い梅雨時、1人で空調の効いたところで涼んでいたわけだ。

岡田は「これはあかん」と思った。即座に2軍降格を決め、申し渡した。

ヘッドコーチ・平田勝男は「いま1軍に必要じゃないからファームに行っている。しっかり鍛え直してもう1回、ストライク・ボールの見極め。テーマ、課題ははっきりしている」と話した。さらに「プレー以外も見られているぞ。若い選手も練習から見ているんだ。意識せなあかん」と伝えた。この「プレー以外」こそ、前日の練習での姿勢だった。

翌25日、佐藤輝は早朝の新幹線で2軍遠征先の名古屋に行き、ナゴヤ球場での2軍戦に出場していた。1軍同様、5番・サードで先発起用され、三塁打を含む3安打を放った。

1軍からの報告を受けていた2軍監督・和田豊は「試合のための準備も怠っていなかったし、攻守交代や一塁までの全力疾走など、気を緩めることなく、ゲームセットまでやっていた」と評価していた。

後に岡田は佐藤輝の行動について「あれは野球選手やない」とまで断じた。「試合に出ていないからといって、ベンチにも入らずにいるとは何ごとや。他の選手は皆、ベンチで声を出すなりして、懸命にやっているやないか」

野球は団体競技であり、「全員が同じ方向を向いて戦わないといけない」というのが当然の姿勢である。それはレギュラーも控えも、現場もフロントもない。岡田がよく繰り返した「みんなで」戦う姿勢の先にこそ、勝利、そして優勝がある。一丸姿勢であり、チームワークである。佐藤輝はそんな野球選手として持つべき、当然の心が欠けているように映ったのである。

佐藤輝不在で臨んだ25日のDeNA戦（横浜）は3―5で敗れ、シーズン初の同一カード3連敗、同じく初の5連敗となり、DeNAに首位の座を明け渡した。後に独走状態で優勝まで突っ走るチームにとって、交流戦から、この交流戦明けあたりが最も苦しかった時期だった。

❖　❖

佐藤輝は登録抹消10日間の最短で7月5日、1軍に復帰した。近本光司が2日の巨人戦（東京ドーム）で右脇腹に死球を受け、右肋骨骨折と判明、4日に登録抹消となったため、前倒しする形で昇格となったのだ。

戦列復帰直後は依然として打撃不振は続いたが、「プレー以外」の姿勢は変わってきていた。試合中、ベンチでよく声が出るようになっていた。岡田は辛抱強く起用し続けた。

8月には打撃も上昇し、打率・300、3本塁打、チーム最多の16打点をあげた。9月も好調を持続し、13日の巨人戦（甲子園）で19号満塁本塁打を放ち、優勝へ王手。14日の同戦（甲子園）でも20号2ランを放って優勝へ花を添えた。新人から3年連続20本塁打はプロ野球7人目、左打者では史上初の快挙だった。

優勝決定後、佐藤輝は「間違いなく僕史上で一番最高な日です。個人のことはどうでもいい。勝ったことがうれしい」と殊勝に話した。胴上げ後は岡田と抱きあうシーンも見られた。

9・10月度の月間MVPも受賞。打率・356、9本塁打、29打点と打ちまくった。さらに統計で分かったのは、オールスター明け後半戦（阪神は59試合）の打撃成績で佐藤輝は打率・321、50打点の2部門でセ・リーグ最高の数字を残していた。これにはさすがに岡田も「本当か？」と驚いていた。

監督就任時から、岡田は佐藤輝について「不思議な選手」と見ていた。何しろ「打撃の状態がいいのか悪いのか、全く判別ができない」というわけだ。気分屋と言うべきか、練習ではさっぱりでも、試合でとんでもない当たりを打ったりする。そこが魅力でもあるのだが、つかみどころがない。

1つの問題は体力面だとみている。キャンプ中の特守ですぐにへたり込んでしまう姿に「練習する体力がないとは情けない。近大でやってきていたんじゃないのか」と話していた。自身は早大時代、夏の軽井沢合宿で文字通り一日中ノックを受けた。地獄の日々について「もう二度と経験したくない。1億円もらっても断る」と話していた。「よく1000本ノックと言うけど、実際に1000本受けるのにどれぐらい時間がかかるか分かるか？　3時間よ。3時間かかる。こんなのやったやつにしか分からんと思うよ」

岡田は歯がゆいのだろう。だから佐藤輝には厳しい。「今のままではこのまま終わってしまうで」と奮起をうながしている。

「最高でーす」ですますな

何年か前から、試合後のヒーローインタビューで「最高でーす」ばかりを繰り返す受け答えがはやっている。何を聞かれても「最高でーす」では、ふざけているように聞こえる。ことばの貧困、ボキャブラリーのなさを嘆きたくなる。

ファンの中には「最高でーす」で盛り上がる人もいる。インタビュアーが決め台詞を言わせようとして仕向けている時まである。どうも巨人の選手から始まったようだ。球団も便乗して「最高でーす」グッズを販売していた。3月のワールド・ベースボール・クラシック（WBC）で「最高でーす」ばかりのインタビューが全世界に配信された時には、これが世界一を目指す侍ジャパンのことばなのかと恥ずかしくなった。

阪神でも近年、「最高でーす」がよく聞かれていた。2023年になっても、たとえば

5月14日、DeNA戦（甲子園）、お立ち台に上った佐藤輝明が5度、近本光司が3度、「最高でーす」と繰り返した。佐藤輝は3ランに満塁弾、近本は4安打して、15得点大勝に貢献していた。インタビュアーは感想、打席での思い、打撃の状態、チームの状態……など質問を変えて「何とか他のことばを聞きだそうとしているのですが」と話しかけ、がんばっていたが、返事は「最高でーす」だった。

岡田も苦々しく思っていたのだろう。5月下旬だったろうか。ヒーローインタビューでの「最高でーす」禁止令を出した。フロントを通じ、選手たちに伝えた。「最高でーすですますな、と言ったんよ。ファンはどんな感じで打ったのかを聞きたいはずなんでね。自分の何が良くて、どうして活躍できたのか。ちゃんと説明しろと言うたんよ」

これも1つの教育である。プロとしてファンに真摯に向き合う姿勢の大切さを教えていた。

しばらくすると、選手たちの受け答えは変わってきていた。5月24日のヤクルト戦（神宮）で9回表、2死無走者から逆転勝ちした際、右翼線へ2点二塁打を放った佐藤輝がヒーローインタビューを受けた。「絶対に（打席が）回ってくると思って準備していました。初球から積極的にいこうと思っていました」「めちゃくちゃ嬉しかったです。絶対に打つ！って決めていたので、その通りになって良かったです」

自宅で必ずテレビ観戦している妻・陽子もシーズン中「選手の話し方が変わってきたね」と感心していた。特に佐藤輝の変化を感じ取っていたらしい。

リーグ優勝に王手をかけた9月13日の巨人戦（甲子園）。先制決勝の19号満塁弾を放った佐藤輝はお立ち台で大歓声を受け、最初に「最高でーす」と感想を口にしたが、後は自分の心境を自分のことばで説明していた。「もう絶好のチャンスだったので。積極的に振っていこうと思って打席に入りました」「1打席目は風に負けたので。2打席目は負けないように頑張りました」「日に日にファンのみなさんの声援が大きくなるのを感じてプレーしています」。立派な受け答えだった。

❖　❖

やはり、言葉は重要である。自分の考えをまとめるのは言葉でしかない。19世紀の心理学者・哲学者、ウィリアム・ジェームズは「考えは言葉となり、言葉は行動となり、行動は習慣となり、習慣は人格となり、人格は運命となる」と言った。松井秀喜は星稜高時代、監督だった山下智茂から「心が変われば行動が変わる　行動が変われば習慣が変わ

る　習慣が変われば人格が変わる　人格が変われば運命が変わる」という言葉を授かり、座右の銘にした。岡田はそんな説教じみたことは言わないが、「言葉を大切にしろ、考えてしゃべれ」と言いたかったのだ。

佐藤輝は12月7日、契約交渉に臨み、6500万円増の年俸1億5000万円で更改した。4年目での1億円突破は球団史上4人目だった。「確実に成長している部分はあるけど、バッティングも守備もまだまだ求められている。そこは頑張りたい」。昇給したお金の使い道は「将来的に家を買おうかな。将来的にですよ」と浮ついたところはなかった。岡田はこの発言を新聞で読み「年俸が大幅に上がっても、それで満足するようなコメントではなかった。だんだん言葉に重みがでてきている」と精神的な成長を認めていた。

言葉使い同様に、礼儀やグラウンドでの身なりも重んじる。練習中もきちんと帽子をかぶり、ユニホームを着るようにしつけている。「帽子かぶらんかったり、Tシャツで練習したりしている選手はおらんかったはずやで」と言う。プロは、特に人気球団の阪神では多くのファンやマスコミに見られている。背番号の入ったユニホーム姿で練習するのがプロとしての礼儀というわけだ。

1980年代に活躍した野球批評家、草野進は選手の無帽姿について〈いきなりだらけ

日本一となり、胴上げされる岡田監督（2023年11月5日、京セラドーム）

た日常が顔をのぞかせたようで、ときには不快感すら覚えずにはいられない。選手たるもの、ベンチ裏に引きさがるまで帽子はかぶったままでいてほしい〉と書いていた＝『どうしたって、プロ野球は面白い』（中央公論社）＝。〈プロ野球は外見が実力につながる見世物である〉と断言する。草野の批評は多分に挑発的だが、プロならば身なり、外見に気を使うのは当然だろう。

こうして見てくると、2023年の阪神優勝・日本一は日々の言動や立ち居振る舞いからきていたことが分かる。そんな姿勢は優勝・日本一達成後の岡田の胴上げにも顕れていた。全員が円の中心を向き、岡田の体を放り上げるのに合わせて両手を掲げていた。輪から外れていたり、違った動きをする者が1人もいなかった。近年では珍しいのではないだろうか。18年ぶりの胴上げで初々しさが出ていたのかもしれない。いや、一体感がにじみ出ていたのだ。何と言えばいいだろうか。おかしな表現だが、作法に則った、礼儀正しい胴上げだった。

完全試合いけたんかなあ

7回まで無安打無四球、完全試合ペースで好投していた村上頌樹を交代させた采配は論議を呼んだ。4月12日の東京ドーム。1―0リードで8回表1死、村上に打席が回ると、岡田は代打・原口文仁を送り、村上を降板させたのだった。

記者席で進行を見守っていた。完全試合を見たいという思いでいたが、一方で岡田なら代えるだろうとも思っていた。

思い出したのは2007年の日本シリーズ第5戦（ナゴヤドーム＝現バンテリンドーム）である。中日監督・落合博満は同じく1―0リードで、1人の走者も出していなかった先発・山井大介を降板させ、9回にクローザー・岩瀬仁紀を送った。この時も論議を呼んだ。当時、阪神監督だった岡田は「そら代えるやろ」と交代を肯定的にとらえていた。

「あと1勝で日本一が決まる試合。胴上げ投手に代えるよ。ウチなら藤川球児にいかせる」。最も勝てる確率の高い投手を送る。それが勝利に徹する監督なのだと持論は揺るがなかった。

ただ、8回裏、村上の後を継いだ石井大智が岡本和真に同点ソロを浴びた。継投は全くの裏目と出てしまい、村上のプロ初勝利も消えてしまっていた。試合は延長10回表、近本光司の適時打で勝ち越し、2―1でものにした。試合後のテレビインタビューで岡田は心境を問われ、こんな風に話した。

「いやいや、心境はまあ、勝ったからね、よかったようなものの、ねえ。頭の中でずうっとね、完全試合いけたんかなあっていうね。それは残ってますね。ちょっとね、片隅にね」

やや歯切れが悪かった。わずかながら後悔もあったろうか。

村上はプロ3年目。開幕1軍は手にしたが中継ぎだった。1日のDeNA戦（京セラドーム）で1イニングを無失点に抑え、プロ初ホールドをマークしていた。伊藤将司が左肩痛で出遅れ、雨天中止でローテーションが変更となって巡ってきた2年ぶり3度目の先発登板だった。

岡田は「6回で代えるつもりでいた。6回までいってくれれば御の字と思って送り出していた」と話した。「ローテーションピッチャーなら投げさせていたかもしれん。佐々木朗希ならな」。プロでほとんど実績のない投手である。無理はさせず、何とか自信をつけさせてやりたい。そんな親心もあったろう。完全投球をしている投手の継投は、さすがに初めての経験だった。「3点あれば続投だろうけど」とも言った。記録が途切れてから崩れゆく投手を幾人も見てきていた。

あの夜、救いだったのは、降板を告げられた村上が平然としていたことだった。「普通に〝交代か〟みたいな感じでした。7回を投げ切れたことが良かったですし、もう1イニングとか、そんなガツガツと思っていなくて。目の前だけをしっかり考えて投げていました」

同点弾を浴びた石井が「悪かった」と謝罪に来た時も「全然いいっすよ！　本当に気にしないでください」と応じていた。「石井さんはホームランを打たれた後、3人で抑えたのがやっぱりすごい。これからも絶対に助けてもらうし、いろいろ迷惑をまけると思うんで。何とも思わなかったです」

そして、村上は岡田が最も望んでいたはずの「自信」をつけていた。「これで自信を持って次も投げられると思う」

❖

実際、次回4月22日の中日戦（バンテリンドーム）で9回を2安打完封で見事プロ初勝利を手にした。この試合も5回1死まで1人の走者を許さずパーフェクトだった。岡田は「1本打たれた時にちょっとホッとしたわ。これでいつでも代えられると思ったらな」と苦笑いしていた。

その後も村上の快投は続いた。シーズン最後までローテーションを守り、22試合、10勝6敗、防御率1・75という素晴らしい成績を残した。最優秀防御率のタイトルを獲得。WHIP（1イニング平均の被安打、与四死球）0・741は1959（昭和34）年、村山実（阪神）の0・748を上回り、2リーグ制で最高の数字だった。

クライマックスシリーズ（CS）ファイナルステージと日本シリーズでも第1戦に先発起用されるエース格に成長、日本一に大きく貢献した。

なかでも岡田が「村上様々やった」と最もたたえたのが、6月6日、仙台であった楽天戦での投球だった。2日に雨天中止となったロッテ戦（甲子園）が5日に行われ、延長12

回、7―7の引き分け。5時間7分の長時間試合となった。帰宅は深夜で翌6日朝に飛行機で仙台に移動してナイターという強行軍だった。「勝っても負けてもええから、村上に1人で投げてくれって思とったもん。あの試合で村上は負けたけど、最後まで投げてくれて、他のピッチャーが休めて、ほんと村上様々やった」。4失点で敗戦投手となった村上に救援陣を休ませてくれたと感謝するあたり、さすがに長い目でシーズンを見通している。

11月28日、NPBアワードで表彰選手が発表となり、村上は新人王に加え、最優秀選手賞（MVP）まで獲得した。両賞の同時獲得は1980年・木田勇（日本ハム）、1990年・野茂英雄（近鉄）以来3人目で、セ・リーグでは初の快挙だった。

スポットライトを浴びる村上を、岡田は「人生変わってしまったなあ」とまぶしく見つめていた。「まさかな。2月にそんなん思えへんやん」。確かに2月の沖縄・宜野座キャンプ中は開幕1軍の当落線上にいた投手である。1年での急成長を驚き、たたえた。

そして、あのパーフェクトでの交代も、これで良かったんだと信じている。「あれで投げてて、打たれて負けてたら自信をなくしてたかもわからへんで。あの試合だけのことじゃないからな。あれで、よしこれで村上は今年いけるという、自信をつけてローテーションで回っていけるっていう、そのスタートやった。あの試合がどうなっていたかというよりも後が大事やったと思うよ」

まずは小さな成功でもいいから、選手に自信をつけさせる。自信の積み重ねが大きな成果を生み出す。岡田が描いている選手育成の手法は間違ってはいなかった。

V

慕われる振る舞い

イベントの時間が長いよな。あれで拍子抜けするよな。

これは確かに岡田が話したことばなのだが、本来はオフレコに類するコメントである。交流戦明けで４日間試合がなく、リーグ戦再開に向けて６月22日、横浜へ移動する新大阪駅での話だ。

横浜スタジアムでは前年からＤｅＮＡに10連敗中だった。岡田が監督就任後も４月に連敗を喫していた。トラ番（阪神担当）に囲まれた岡田は横浜スタジアムでの試合について「そんなに負けてるとは知らんかったけど、何連敗何連敗と言われんのも嫌やしな。１つは勝っておかんと」と連敗阻止への思いを口にした。さらに横浜でＤｅＮＡが勝つ、阪神が負ける理由について問われると「なんか、あんのか……」と話したのだった。

「４月に横浜行った時に、その……時間が長いよな、横浜。イベントの。あれを待ってる時間、長いであれ。ホンマ。あれでちょっと拍子抜けするよな。何か野球に関係ないイベントばっかりしてるやろ。待ってる時間が長いわ。言うとけよ、横浜に」

冗談ぽく、笑ってはいたが、本音である。

横浜では試合前、マスコットやチアガールがグラウンドで踊ったり、ファンが参加したり、時には芸能人や音楽グループが出演したりして、盛り沢山のイベントがある。ビジターの阪神が練習を終えてからプレーボールまで1時間ほどかかる。確かに長い。

もちろん、岡田もこうしたイベントがファンサービス、お客さんに喜んでもらうための営業努力だと承知している。ファンがあってプロ野球が成り立っていることも十分に分かっている。ファンには感謝している。連日、球場に詰めかける多くのファンの声援がどれだけ力になっていることか。だから試合後のインタビューでも繰り返し「ありがとうございました」とファンへの感謝の思いを口にしている。それでも「一番のファンサービスは試合に勝つことよ」という持論は譲らない。「ファンは野球を見に来ているんやろ。野球で魅せるというのが一番よ。そこをはき違えたらあかんよ」

DeNAに限らず、阪神も含め、どの球団もイベントは行っている。球場の「劇場化」は年々進んでいる。選手たちも近年はファンに向けたパフォーマンスが目立つようになってきた。阪神では2013年、適時打や本塁打が出た際、選手たちがベンチ前に出て、一斉に指さすポーズを行っていた。西岡剛の発案だった。「Gratiii（グラティィ）」と命名され、球団公認のグッズまで発売された。2021年シーズン途中からは本塁打を放った選手にベンチ内で「虎メダル」を掛ける儀式が常態化した。2022年になるとメダルはファンから募集し、監督・矢野燿大が掛けていた。派手なガッツポーズも話題となった。岡田はこうした慣習を一掃した。「監督が試合中に一喜一憂している暇はないよ。常に先々、次のことを考えておかないといけない」。これも「野球で魅せること、試合に勝つことが一番」という信念である。

ファンやフロントに媚を売らず、時代に迎合せず、本音で生きる。映画監督・小津安二郎の名言を思う。「なんでもないことは流行に従う。重大なことは道徳に従う。芸術のことは自分に従う」と語っている。小津映画の特徴と言える固定カメラ、ローアングルでの撮影について「なぜ、ワイドやパンをやらないのか？」と問われた時、「性に合わないんだ」と答え、先のことばを残している。「オレは豆腐屋だから豆腐しか作れない」とも語っている。時代遅れ、頑固と言われようとも岡田は古き良き信念も曲げない。小津のことばを借りれば、「野球のことは自分に従う」である。

本音で生きている岡田は格好など気にしない。2022年10月の監督就任直後の朝、家を出ようとすると、玄関前に黒塗りの車が駐まっていた。球団が手配したハイヤーだった。岡田は「オレは自分で運転して行くから」と言って断った。阪神では野村克也が監督に就いた頃から監督専用の運転手付きハイヤーを手配していた。「もし事故に遭われたら困りますので」と、和田豊も金本知憲も矢野燿大も使っていた。ところが岡田は「車の中で独りになる時間が欲しいんよ。家から甲子園までなら二、三十分、その間にいろいろと考えたいこともあるんや」と自家用車にこだわった。

東京ドームで試合がある時、選手もコーチも裏方も隣接する東京ドームホテルから地下の専用通路を通って球場入りする。ところが、岡田だけ外を歩いて、球場に向かっていたのには驚いた。「地下の通路は遠回りなんよ。階段の上り下りもあるしな」と近道するのだそうだ。監督付き広報とホテルマンが付き添ってはいるが、近くの遊園地や場外馬券売場にいる一般人が行き交うなかを悠々と歩いていた。

グラウンドで左手首につけている腕時計は通販で買ったものだ。阪神カラーの黄色が目立つデザインで、シーズン開幕前に妻がインターネットで見つけた。ビジター用を思わせる黒が基調のものと2個購入したそうだ。調べてみると、定価十数万円で割引なら8万円台である。週刊誌には巨人監督・原辰徳の時計は300万円以上、中日監督・立浪和義は1000万円以上の腕時計をしているらしい。SNS上ではファンから「けっこう庶民的で、親しみを感じた」と評判になった。リーグ優勝達成後にはメーカーからお祝いとして虎がデザインされた白い腕時計が贈られ、クライマックスシリーズ、日本シリーズで巻いていた。

岡田は元より飾ったところがない。評論家時代、キャンプ取材で滞在中の沖縄でどうしても明石焼きが食べたくなり、ネットで見つけた那覇の店まで足を運んだ。西宮の鉄板焼きも広島のお好み焼きの店も行きつけにしている。仙台では自分の足で見つけた小料理店がある。名古屋のバーを見つけた時は一緒に歩いていて「ここやな」とふらりと入っていった。鼻が利くのである。高級店にも行くのだが、庶民的な店で十分満足している。

茶目っ気と言うか、愛嬌がある。「経営の神様」松下幸之助が残した「リーダーに必要な3条件」が今もパナソニックで語り継がれている。同社役員を務める友人に聞いた。まずは「愛嬌」だという。次に「運が強そうなこと」、最後に「後ろ姿」だそうだ。

愛嬌は書いた通りである。次の「運」について、松下は集まった幹部連中に「ここにいる皆さんはただ運が良かっただけです」と言って笑わせたそうだ。「運が強いこと」ではなく「運が強そうなこと」が大切なのだ。どうも、あの人と一緒にいれば、うまくいきそうだ、と思わせる雰囲気である。岡田は競馬やパチンコといったギャンブルに強い。じゃんけんも強い。運が強そうな感じがするのは確かである。

「後ろ姿」はどうだろう。先に書いたように、周囲に訴えかけるようなパフォーマンスやポーズを嫌い、男は黙って背中で勝負するといった昭和の雰囲気がしないでもない。背番号「80」が何かを語りかけてくるような後ろ姿である。

さて、冒頭に書いたコメントだが、翌日から阪神はDeNAに連敗を喫した。岡田はトラ番に向けて「あの、移動日のイベントの記事からおかしくなった」と毒づいた。雑談のはずが一部スポーツ紙で大きく報じられていた。「イベントの記事や。イベントの記事からおかしなった」と繰り返した。

あれも、本音だろう。何でもかんでも記事にするな、雑談もできんやないか、といった意味ではなかったか。岡田はむろん、マスコミにも媚を売らず、迎合もしていなかった。

勇退か……ええ響きやなあ

岡田はシーズン中、「優勝して辞める」と勇退を頭に描いていた時期がある。

恒例の夏の長期ロードに出たばかりの8月5日、横浜の夜だった。その日は試合開始がいつもより1時間早く午後5時だった。だから試合後、会食する約束をしていた。岡田が現役時代から行きつけにしている老舗の牛タン専門店だった。

その日も快勝で、チームはオールスター明け9勝3敗1分け。「まだ後半戦3敗しかしてないのか」と岡田自身が驚いていた。常に「勝負は9月」と繰り返していた岡田だが、すでに優勝への手応えをつかみ始めていたはずだ。だから、あんなことを言ったのだ。

会話は弾み、来季の構想について触れた時だった。たとえば、外国人のヨハン・ミエセスは残留、シェルドン・ノイジーは現状では厳しい……といった話をした。

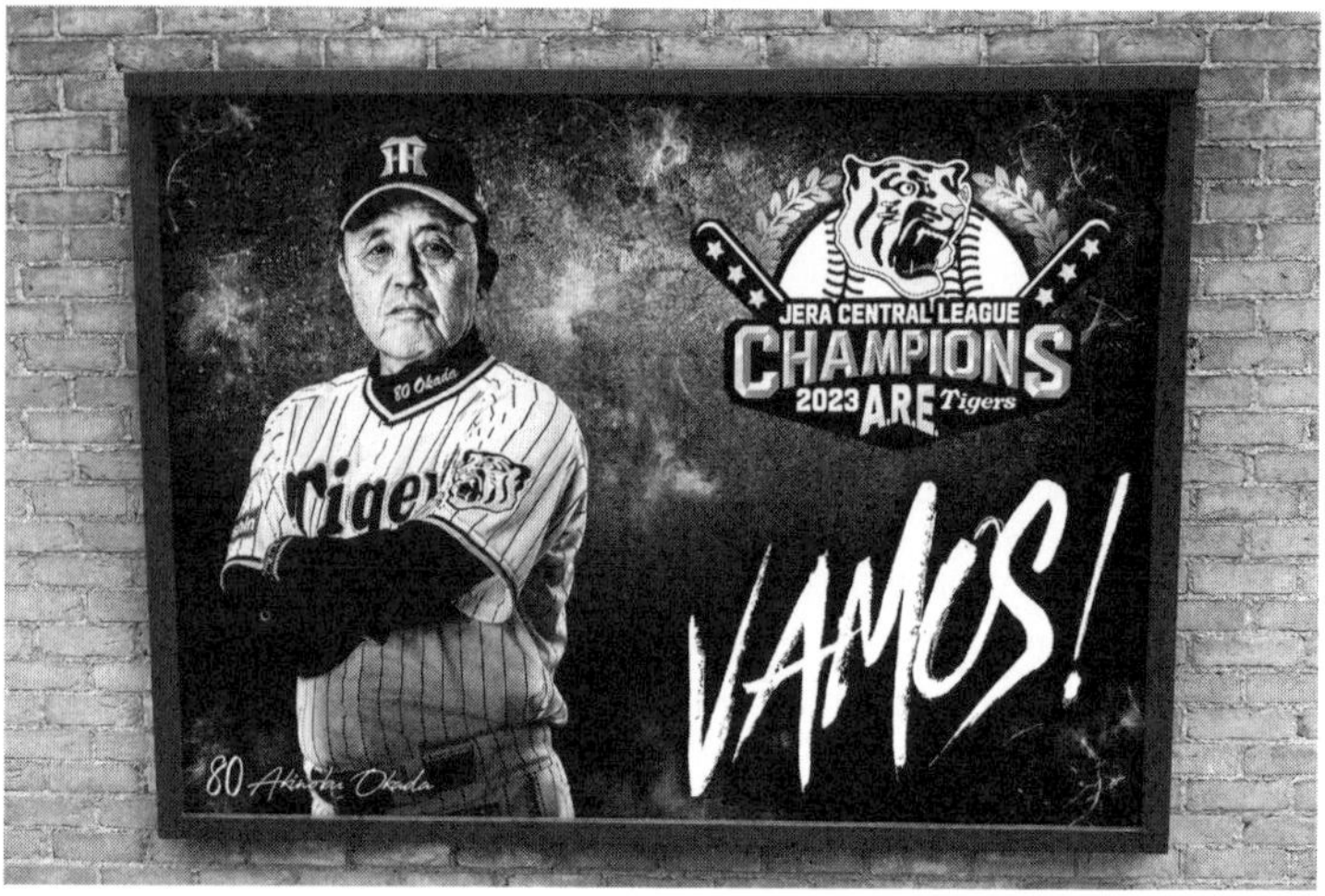

リーグ優勝後、甲子園球場前、メモリアルウォールに掛けられた岡田監督の写真

そして「まあ、もし、来年もオレが監督をしていたらな」と漏れたのだ。

「え？　当然、来年も岡田さんが監督でしょう」と突っ込んだが「ふふふ」と笑っているだけだった。

2リーグ制で球団初となる連覇に水を向けたが「ん？」と素っ気なかった。

岡田は今季限りで辞めるつもりでいる——とあの時思ったのだった。

65歳だった。監督就任時の年齢では球団史上最高齢だ。2024年11月には野村克也（2001年＝66歳）を上回り阪神監督で最高齢を迎える。何度も「しんどいわ」と聞いていた。「特に移動がしんどいな」と話していた。会話や会見の途中でもよくせき込んだ。

いや、それ以上に、勇退を考えたのは優勝という結果だろう。「本当に強くなったなあ。監督になり、自分が選手たちに言ってきたことをこんなに早く吸収して、こんなに早く結果が出るとは思っていなかったよ」。選手たちに成長に手応えを感じ、〝自分の仕事は終わった〟と、ある種の達成感を抱いているようだった。

「勇退かあ……勇退とは、ええ響きやなあ」とまで漏らした。岡田は優勝して辞める気でいると確信した。

❖　❖

次に夜会ったのは3週間後、夏のロード終盤、8月24日の東京だった。タイミング良くと言うべきか、当日発売の週刊文春に「阪神・岡田監督　18年ぶり優勝→電撃勇退!?」と疑問符付きながら記事が出ていた。

「どこからあんな話出たんやろなあ」と岡田は言った。「オレは他の誰にもそんな話してないけどな」。岡田は何もこちらを疑っているわけではない。情報漏洩の犯人捜しをしているわけでもない。ただ、記事の内容は半ば認めていた。

しかし、この時にはもう翻意していた。「本当に辞める気ですか?」と聞くと「いや」

と首を横に振った。「オレだけ辞めて、あとは放っておくわけにはいかんやろう」

岡田の下で働くコーチ陣やスタッフがいる。岡田辞任となれば、職を失う者も出てくる。また、2022年秋の監督就任は阪急阪神ホールディングス（HD）会長兼CEO・角和夫の要望だった。早大の後輩で親交の深い岡田は内々に監督としての期待を聞き「後継者の育成」も託されていた。2年契約でもあり、優勝したからといって投げ出すわけにはいかない。

辞意について、妻・陽子に確かめた。「わたしにはそんな話していませんよ」と答え、少し考えた。「それは〝いつでも辞める覚悟でいる〟という心の表れかな」と思いやった。「優勝して辞めると確かにキレイかもしれないけど、そんなこと主人は気にかけてもいないでしょう」

2人は知人の紹介で出会った。岡田がプロ2年目のシーズンを終えた、1981（昭和56）年12月のことだ。陽子によると、初対面の際、2人きりとなった時も岡田は何も話さず黙っていたそうだ。「沈黙していると普通はどこか気まずい感じになるでしょ。でもそうじゃなくて、堂々としていました。堂々と無言でいたんです」。そんな姿に感心し「この人はサムライだ」と思ったそうだ。

陽子は小学校から大学まで6年間カナダで暮らし、帰国後に編入した上智大外国語学部でも授業は英語。周囲には欧米的に「ハーイ」と言い合う男性しかいなかった。「日本のサムライがここにいた」と感じたのである。

「武士道とは死ぬ事と見つけたり」である。岡田はいつでも自らの身をタイガースにささげるつもりでいる。何も監督という立場に恋々とするような人間ではないのだ。

監督続投が正式決定したのは日本シリーズを制した翌日、11月6日である。恒例の全日程終了のオーナー報告会があった。ただし、この席上でオーナー・杉山健博は「来年も監督を……」といった型通りの要請はしていない。杉山は「それはもうすんでいます。ええ」と笑っていた。岡田は2年目への意欲をみなぎらせ、「新しい力が必要になる」と若手新戦力の発掘と現有戦力の底上げに熱弁をふるっていた。

現場が一番よ。

岡田と屋形船に乗ったことがある。

最初は２００９年８月17日だった。前年２００８年限りで阪神監督を退き、解説者・評論家になっていた。プロになって初めてユニホームを脱いだ。早大から阪神入りした１９８０（昭和55）年から、オリックスに移籍して現役引退。直後からオリックスでコーチ、阪神２軍監督、１軍コーチ、監督を歴任していた。

その日は阪神が夏の長期ロードで東京遠征中、試合のない月曜日だった。岡田は評論の仕事で東京に滞在し、親交ある記者の多くも東京に出張していた。ある記者の親戚が東京・品川で屋形船を経営しており、集まろうとなった。

昼すぎに岡田が泊まるホテルの部屋でビールを飲んだ。テレビでは夏の高校野球甲子園大会が中継されていた。その夏、全国制覇する中京大中京（愛知）と関西学院（兵庫）の対戦だった。優勝候補相手に4―5でサヨナラ負けした関学の健闘が素晴らしく、浴衣姿の岡田も「ええ試合やったなあ」と楽しんでいた。

夕方、品川の船着場から屋形船に乗った。お台場から隅田川を遊覧して回った。宴もたけなわ、岡田があいさつに立った。

「今年は来年に向けた準備期間だと思っています。たっぷり充電して、来たるべき日に備えます」

船中は大喝采、歓声があがった。

まさか、この日から数日後、本当に監督要請が来るとは岡田も思っていなかった。8月21日、オリックスの前球団代表でスペシャルアドバイザーを務めていた井箆重慶から電話があり、監督就任要請を受けたのだった。

岡田は「監督就任への障害は何もありません」と答え、オリックス監督に就くことになる。この時、浪人は1年だけだった。

岡田には「現場が一番」という思いがある。

苦い思い出として残っているのは現役時代の1993年9月、阪神から受けた戦力外通告である。この時、阪神球団は引退試合を提案し、スコアラーの職を用意していた。岡田を将来の監督候補と見込んでいたオーナー・久万俊二郎までも「スコアラーでも何でもやればいい」と話すのを聞いた時、「さすがにそれはないんじゃないか」と思った。「野球は素人」という久万は球団から上がってきた提案をそのまま口にしたのだろう。スコアラーからコーチ、監督になった前例などなかったからである。

❖　❖

岡田は現役にこだわり、自由契約となった。この1993年オフは他球団からのオファーを待ちながら年を越した。1994年1月、オリックスの新監督に就いた仰木彬が球団代表の井箟に進言し、岡田はオリックスに入団することになった。自主トレは早大から阪神入りした新人の1980年1月と同様、大阪城公園で行った。1人きりの孤独な自主トレを報道陣が球拾いを手伝いながら、見守った。

オリックス2年目、阪神淡路大震災に見舞われた1995年に優勝を経験した。6月末に2軍に落ちた。仰木からは「若い選手を使いたい。2軍で若手をみてくれ」と頼まれたのだった。すでに現役引退を心に決めていた。岡田は納得して2軍に行った。9月に1軍復帰して優勝の輪に加わった。「仰木さんは引退の花道を用意してくれた」と感謝していた。

引退直後も仰木の要請を受け、オリックスの2軍コーチとしてユニホームを着続けた。仰木自身も東筑高（福岡）から西鉄（現西武）入りし、引退直後からコーチに就いた。近鉄コーチから監督に就いた。現役から一度もユニホームを脱ぐことなく、監督まで上り詰めたのだった。さらに近鉄監督を退任後、1993年は1年だけ評論家を務めたが、1994年にオリックス監督に就いている。

仰木には「現場が一番」という考えがあった。「監督としての采配で頼りになるのは勝負勘だ。その勘は長年の現場での経験から生み出される」。岡田もこの仰木の生き方を引き継いでいるようだった。

後に岡田が阪神2軍監督を務めていた2002年、球団社長から「NHKで解説者をして、野球の勉強をしてきたらどうか」との打診があった。球団は2軍監督時代の待遇と変わらぬ給料を保証するという。岡田は「野球の勉強をするのは現場が一番だと思います。ユニホームを着たまま勉強します」と言って断った。結果、1軍内野守備走塁コーチとして監督・星野仙一の下で優勝を経験することになる。

現場一筋に生きてきたわけである。

岡田が解説者・評論家となるのは冒頭に書いたように、最初に阪神監督を退いた後の2009年と、2度目はオリックス監督を退いた後の2013年から2022年の10年間である。

2度目の浪人（あるいは充電）の間、2015年6月29日と2019年8月5日にも例の屋形船での宴会が開かれた。当時撮影した写真のデータを見れば、詳細な日付が記録されている。

船上では大いに騒いだ。「現場が一番」という岡田のユニホームへのこだわりは誰もが承知していた。岡田は阪神から監督要請の声がかかるのを待っていた。ただし、誰もそんな野暮な話はせず、よく食べ、よく飲み、よく騒いだ。隅田川に涼風が流れ、美しい花火が打ち上がるのを眺めていた。

年齢は関係ないわ。

甲子園球場を埋めた3万9089人の観衆が「ハッピー・バースデー」を大合唱していた。11月25日に行われた阪神のファン感謝デー。ちょうど岡田66歳の誕生日でもあり、サプライズでの誕生祝いとなった。

「そら、まあ、うれしいよ」と岡田は照れた。1980（昭和55）年の入団以来、幾度も経験してきた恒例のファンとの交歓イベントだが、「誕生日と重なったのはたぶん初めて。今までで一番多くの人に祝ってもらったよ」。ロクロクの語呂合わせから「緑々寿」を略して「緑寿」と呼ぶそうだ。甲子園の緑の芝が秋空の下で輝き、背後では誇らしく日本一となったチャンピオンフラッグが翻っていた。

岡田は66歳で日本一となった。日本シリーズ第7戦で胴上げされた11月5日は厳密には

秋季キャンプ地の高知・安芸市営球場内で展示された日本シリーズ優勝ペナント

65歳11カ月なのだが、66歳シーズンである。

優勝、そして日本一監督としては2013年の楽天監督・星野仙一と並ぶ最年長である。セ・リーグに限れば2000年、巨人を率いた長嶋茂雄の64歳を抜き、最年長だ。67歳を迎える2024年は単独での優勝、日本一最年長監督に挑戦することになる。

「いや、まあ、もう年齢はもう関係ないわ」と興味を示さなかった。

2022年10月の監督就任時の年齢は64歳で、1999年10月就任時で63歳だった野村克也を上回り、阪神球団史上最年長だった。当時、岡田は「オレ、ノムさんより年上らしいわ。あんな年寄りと思っていたのに……なあ」と自身の高齢に驚いていた。

就任当初は高齢を感じさせる動きもあった。就任後、ユニホームを着てグラウンドに出たのは10月、甲子園での秋季練習だった。フリー打撃の際、三塁側ベンチの縁に腰掛けて練習を見守っていた。前回監督だった２００４－08年には決して見られなかった光景に驚いたものだ。当時は練習中、グラウンド上のどこかで必ず立って見つめていた。野村が阪神監督時代、折りたたみ式のイスを手にグラウンド内を歩き、腰掛けていたのを思い出した。そんな話はしなかったが、岡田もさすがに歳なのかな、と思ったものだ。

ところが、日に日に元気になっていくのだから、また驚いた。甲子園の秋季練習3日目には「ユニホーム着ると体力が戻ってくるよな」と笑顔で話しかけられた。高知・安芸での秋季キャンプ2日目の11月2日、サブグラウンドで特守を眺めていたと思えば、突然、自らノックを受けて実演指導まで行った。年を越して２０２３年2月、沖縄・宜野座での春季キャンプ中はもうグラウンドでは座らなくなっていた。ユニホームの魔力が岡田を若返らせていた。

キャンプ序盤は練習での指示が前日と当日で異なり、コーチ陣を戸惑わせたこともあった。何人かのコーチとフロントが「どうしたものだろう」と案じていた。年齢からくる物忘れかと心配になった。ただし、それも徐々になくなっていった。

岡田は「ラスティ」だったのだ。「さびた」という意味の英語（rusty）で、ハーバード大で日本語・日本文学を講義した日本文学者、板坂元が『何を書くか、どう書くか』（カッパブックス）で紹介している。ピアノを習う少女が夏休み明けに弾いてみると、どうもうまくいかない。先生は「きょうはラスティだけど、次は必ずよくなるでしょう」と声をかける。心配することはないと励ますわけだ。

岡田にはオリックス監督を退いてから10年間のブランクがあった。その間についたさびも徐々に落ちていった。オープン戦を経て開幕を迎えるころには、決戦場に向かうサムライの刀のようにピカピカに磨かれ、切れ味鋭くなっていた。

❖　❖

前回監督時代も評論家時代もよく深酒をしていた。シーズン終了後に優勝を逃し、辞任することになる２００８年の8月だったと記憶する。東京駅から乗った朝一番の新幹線の同じ車両に岡田がいた。「監督、こんなに朝早く、どうしたんですか？」と尋ねると、明け方までホテルの部屋で飲んでいたそうだ。それでも「眠れない」と、そのまま1人でチェックアウトしたそうだ。「新幹線の中が一番寝られるんよ」と力なく笑っていた。監督付広報担当はこの時、ホテルで「監督がいません」と大騒ぎしていたと後で聞いた。

不眠症のような状態だった。勝利への重圧である。特に熱狂的な多くのファンがいる阪神の監督は相当である。闘将と呼ばれた星野仙一も2003年、ほぼ首位独走状態にありながら「これで優勝を逃したら、日本にいられなくなる」と眠れなくなった。「勝ったら勝ったで、また眠れない」という深刻な状態だった。

大リーグ、ア、ナ両リーグ双方で初めて優勝監督となった名将、スパーキー・アンダーソンが言う「勝利中毒者」である。〈勝利への渇望は狂気に近いものになる。勝つことがひとつの病気になるのだ〉と告白している。ダン・イーウォルドとの共著『スパーキー！　敗者からの教訓』（NTT出版）にある。〈ひとつ負けるたびに、身体の一部が死んでいくような気がしてならなかった。負けるたびに深い傷を受けると本気で信じていた〉。デトロイト・タイガース監督時代の1989年5月、〈燃え尽きた〉と休養に至った。ちなみに阪神は1996年9月、シーズン途中に解任した藤田平に代わる新監督候補として、このスパーキーに打診、交渉し、固辞にあっている。

岡田も勝利中毒に違いなかった。評論家時代はパチンコ、競馬、ゴルフ……と勝負事に時間を費やした。カラオケでも点数を競った。ところが、監督に復帰すると「パチンコもゴルフも全く興味がなくなった」。それはそうだろう。何と比べても最大最強の勝負事と言えるプロ野球で責任を負う立場なのだ。

そして、前回監督時代と違うのは「よく眠れる」ことだった。それは妻・陽子も認めている。たとえば、8月12日、京セラドーム大阪でのヤクルト戦は延長12回、4―3のサヨナラ勝ちだった。試合時間は5時間16分に及んだ。岡田は試合後、会見で「もう新聞の締切時間過ぎてるやろ」と笑い、車で西宮市の自宅に帰ったのは深夜1時。いつものようにバドワイザーを飲み、シャワーを浴びて床に就いた。翌日。「わたしはゴミ出しやら何やらで朝は早かったんですけど……」。午前11時になっても夫は起きてこない。心配になって寝室に行くと目を覚ました。「あなた！　死んでしまったのかと思ったわ」。岡田はそんな話を教えてくれた。

陽子に聞いた。「前回、監督になった時は優勝チーム（2003年）を引き継ぎましたので〝勝って当たり前〟という辛さがあったと思います。今回は若い選手ばかりで、失敗もするけど、成長が楽しみだと話していました。気負わず大きく構えていてイライラもほとんどありません。お酒の量も減りました。甲子園から帰ると枝豆でバドワイザーを飲んで、肉を3切れとか。遠征先でもほとんど飲みに出ないようです。年相応かなとみています」

今回、リーグ優勝や日本一決定の当日は、大阪市内のホテルで祝勝会があり、チーム全員が泊まった。岡田はホテルを出なかったそうだ。現役時代、1985年にリーグ優勝した夜も、日本一となった夜も、夜明けまで六本木や銀座を飲み歩いた。もちろん今回は夜更けまでテレビ各局のインタビューがあったのだが、北新地などに出て行こうとも思わなかったそうだ。

監督付広報の藤原通によると、岡田が深夜まで飲んだのは数えるほどで、そのほとんどに私がいた。リーグ優勝を決めた翌日は広島に移動してのナイターだった。試合後、岡田が行きつけのステーキ店で旧知の記者3人といっしょに祝勝の宴となった。岡田は焼酎を飲みながら、前菜や肉を食べ終えると、タクシーで引き揚げていった。残された自分たちは2軒目、3軒目とはしごして結局、午前4時まで飲んでしまった。翌日。マツダスタジアムでの試合前練習中、グラウンドにいた岡田が「何時までや？」とゼスチュアで聞いてきたので「4時」と仕草で応じた。大笑いしていた。

監督続投が正式に決まったシーズン終了のオーナー報告会の後、記者団から「最近、咳き込まなくなりましたね。健康ですねぇ」と問われると、「そら、摂生してるもん」と言った。「どこかの記者と違って、3時4時まで飲み歩かんからな」と目をこちらに向け、笑っていた。岡田は確かに摂生している。そして、どんどん若くなっている。

❖　❖

思えば、昔の監督は、見た目は貫禄たっぷりでも意外と年齢は若かった。阪神を1962、64年とリーグ優勝に導いた藤本定義は松山商出身で、権謀術数に優れ「伊予の古狸」と呼ばれた。それでも阪神監督在任中は56〜64歳だった。巨人V9監督の川上哲治監督が退任したのは54歳。南海（現ソフトバンク）黄金時代を築き、監督としてプロ野球最多の1773勝を挙げた鶴岡一人が退いたのは52歳だった。大毎、阪急、近鉄を球団初優勝に導くなど計8度のリーグ優勝を果たした西本幸雄は61歳でユニホームを脱いでいる。

人生50年の昔から80年、今や人生100年時代と呼ばれる。寿命が伸びた今は「7掛け」で考えるそうだ。筑紫哲也が『旅の途中』（朝日文庫）で経済学者から神奈川県知事も務めた長洲一二の「人生7掛け説」を紹介していた。ならば、岡田はまだ46、7歳ということなる。

一方で球界では若返りが進み、1つ年下の原辰徳が巨人監督を退き、岡田は12球団監督でただ1人の60代となった。楽天新監督の今江敏晃（40）とは26歳も差がある。最も年齢が近いロッテ・吉井理人（58）でも8歳差だ。

監督就任時も全監督が年下で「全員見下ろしてやってやるよ」と語っていた。日本一を達成し、体力も気力も充実している。11月25日、コロナ禍で4年ぶりの開催となったOB会総会・懇親会では「来年は今年以上に死に物狂いで勝ちにいって連覇を成し遂げたい」とあいさつした。「死に物狂い」とは岡田の口からなかなか聞けない、相当な闘志の決意表明である。　吉田義男、安藤統男、田淵幸一……ら古手のOBたちから喝采を浴びた。

監督就任発表の朝、LINEで「世の中に多くいる高齢者を元気にさせるご活躍を期待いたします。年齢など気にしない、さっそう、はつらつとした勇姿を楽しみにしています」と送った。現実に岡田は中高年の星となった。世の高齢者たちに「まだまだやれる」と希望を与えている。

サムエル・ウルマンの詩『青春』を思う。〈青春とは人生のある期間ではなく、／心の持ちかたを言う。〉〈年を重ねただけで人は老いない。／理想を失うとき初めて老いる〉〈頭《こうべ》を高く上げ希望の波をとらえる限り、／八十歳であろうと人は青春にして已《や》む〉

青春などを言うと照れるだろうが、岡田はいま、それを謳歌している。

オレも待ってた。

阪神18年ぶりのリーグ優勝、38年ぶりの日本一を記念した優勝パレードは２０２３年11月23日、神戸と大阪・御堂筋の２カ所で行われた。パ・リーグ３連覇のオリックスと合同で、午前午後で場所を入れ替えて行われた。

沿道に詰めかけた観衆は神戸30万人、大阪35万人（主催者発表）、計65万人だった。オリックスの大阪20万人、神戸15万人と合わせ、のべ１００万人に上った。

バスの上から手を振りながら、岡田は「おめでとう」と「ありがとう」が交錯する声援を聞いていた。

「おめでとうという言葉を聞いたけど、ありがとうの方が頭に残っている。実感としてね。ありがとうの方が多かったように思うな」

大阪・御堂筋での阪神優勝パレード。後方は岡田監督が通った愛日小学校跡地に立った商業施設「淀屋橋odona」(2023年11月23日)

それだけ阪神ファンが長い間、優勝を待っていたということだろう。

「そうやろな。オレも半分待ってたけどな。ずっとスタンドで見とったんやから」

前回阪神監督を退任してから15年。オリックス監督を退任して11年、岡田は評論家としてスタンドから阪神の野球を見続けてきた。「オレも半分待ってた」とは個人的に半ば、阪神ファンとして応援し続けてきたことを意味する。

父・勇郎は大阪・玉造で紙加工業を営みながら、有力な阪神後援者だった。愛情あふれる熱心な阪神ファンだった。いわゆるタニマチとして選手たちの面倒をみてきた。村山実、三宅秀史、藤本勝巳……ら主力選手と交

岡田監督が少年時代、練習場だった玉造公園

流してきた。

幼少の頃から甲子園球場に連れられ、すぐ近くにあった選手寮「虎風荘」で遊ばせてもらった。村山や藤本にかわいがられた。近所の玉造公園で三宅とキャッチボールした際、「君は手が小さいし指も短い。投手よりも内野手をやりなさい」とアドバイスしてもらった。後に三宅と同じ三塁手、内野手となったのはこの時のことばがきっかけだった。村山が現役を引退した翌1973（昭和48）年、引退試合（3月21日・甲子園）に向けて肩慣らしの相手をした。自宅の居間には村山の座右の銘「球道一筋」と書かれたサイン色紙が飾られていた。後に監督となり、自身の座右の銘を「道一筋」としたのは、幼い頃の記憶

からだった。藤本勝巳が島倉千代子と結婚してからしばらくすると、ある週刊誌が岡田のことを「島倉の隠し子」と書いたこともあった。今も岡田はカラオケで「人生いろいろ」など島倉の歌を歌う。

母・サカヨが「一卵性親子」と言うほど、父子は似ていた。父同様、岡田は幼い頃から生粋の阪神ファンとして育った。「オレが一番の阪神ファン」という自負があった。だから阪神ファンの心情もよく理解できた。

阪神ファンの一日は朝のあいさつで「昨日の阪神は……」で始まる。夜は甲子園球場やテレビで観戦し、一喜一憂する。勝てば勝ったで大喜びし、負けても「また明日があるわい」と明日への糧にする。生活の一部になっている。

パレードの沿道に80歳代と見える祖父と恐らく息子夫婦、孫の家族がいた。祖父は孫に何ごとか語りかけていた。祖父にとって1962（昭和37）年の優勝パレードは高校生で多感なころだ。次の優勝（日本一）1985（昭和60）年は40歳前後で働き盛りだった。息子はまだ学生だったろう。2003年、05年の優勝パレードは還暦を過ぎたころに迎えたことだろう。期待しては負けてばかりでも、なお愛される阪神は世代ごとに優勝しているることになる。その歓喜は親から子へと語り継がれる。米作家ロジャー・カーンが書いたように「野球は父子相伝の文化」なのだ。

❖ ❖

熱狂的な阪神ファンで知られる俳優の渡辺謙は「タイガース教の信者」なのだそうだ。「タイガースは生活と言うか、人生そのもの」とまで言う。日本シリーズは全試合観戦に出向いた。世界的な俳優だが、「毎年、シリーズ期間中はスケジュールを空けてあるんです」と待ち望んでいた。

余談だが、渡辺とはかつて球場の喫煙所仲間だった。甲子園球場やヤフオクドームなどでよく一緒になった。甲子園球場内の関係者食堂「蔦」や、近くの酒場で居合わせたこともある。その都度、短い会話を交わしている。「世界のワタナベ」に対して畏れ多いが、タイガースに思いをはせる者という「同志」として、ある種の心のつながりを感じている。

新潟出身の渡辺だが、幼少期に連れて行ってもらった後楽園球場での巨人―阪神戦で、江夏豊―田淵幸一のバッテリーを見て「なんでこんないいチームが勝てない、優勝できないんだ」と思ったころから阪神ファンになったと語っている。

阪神ファン気質の根源には東京に対する大阪の反発がある。江夏は「関ケ原以来の思い」だと言う。帝塚山学院大学長も務めた作家、時事評論家の大谷晃一が『大阪学　阪神タイガース編』（新潮文庫）でその気質を解説している。〈江戸幕府が開かれて以来、経済は大阪の特権だった。政治は東京でいい。だが、ゼニ儲けは大阪のもんや。そういう意識が大阪人にはあった。ところが昭和になってから、そのプライドに陰りが見え始めた。近年になるともうズタズタである〉。同書発行は２００３年８月である。企業の本社機能は東京に移り、大阪には指示が下る。〈何か東京に対抗できるものはないか。あった。阪神タイガースや〉〈鬱憤は十分すぎる。それを阪神がときどき晴らしてくれる〉

大谷はよく取材した。岡田就任以前に「タイガースの監督に大阪人がいない」と嘆いていた。吉田義男や野村克也は関西人だが、京都出身で「大阪とは気質が違う」。岡田は待望の大阪人監督だった。「東京がなんや」というプライドを持っている。少年時代、甲子園球場のスタンドでＯＮ（王貞治、長嶋茂雄）をやじっていた岡田には「打倒巨人」の気概があった。

作詞家・松本隆は生まれ育った東京を離れ、神戸に移り住んだ。『三田評論』２０１８年２月号で「東京の最大の欠点は〝残す〟文化がないことです」と語っている。「全部壊す。壊して発展を繰り返して、そのたびに利権が血肉を得て、怪物のようになっていく」

大谷も著書『阪神タイガース学』で記した。〈高度成長の中、みんな大都会に憧れて出て行った。振り返れば、故郷もあの懐かしい故郷の姿ではない。列島は大改造された。山は削られ、田んぼは消え、ミニ東京と化してしまった〉。そんな日本に阪神があった。〈みんな、心を寄せるべき場所をなくしてしまった。（中略）そういう人びとの心の故郷に、阪神タイガースがなれるのではないか〉

あの甲子園球場の熱狂はふるさとを求めてやって来た人びとの心の叫びなのだろう。

❖　❖

岡田は阪神が行った4度の優勝パレードすべてに関わってきた。いわば〝皆勤〟である。1962（昭和37）年パレードは4歳、大阪・朝陽が丘幼稚園のころだった。パレードのオープンカーに乗った。「白いブーツ履いてたわ。白いブーツで乗ったのを覚えている」

このパレードで監督・藤本定義の膝に座っている男の子が岡田だと一部で誤って報道され、広まったことがあった。実際は藤本の孫・義人（当時7歳）である。岡田少年は他の車に乗っていたわけだ。甲子園を出発して尼崎—西宮—芦屋—神戸と阪神間を巡った。1964（昭和39）年は東京五輪と重なり、パレードは行われなかった。1985（昭和60）年も警備上の問題や同年の日航機墜落事故で犠牲となった球団社長・中埜肇への弔意から開催は見送られた。2003、2005年は雨の中で行われた。

今回は秋晴れの下で行われた。スタート地点の北浜3丁目交差点は、岡田が通った愛日小学校（閉校）跡地のすぐ近くだった。同級生たちが横断幕をつくって祝ってくれていた。セレモニーで「60年前、6年間通った小学校でした。感慨深いものがあります」とあいさつした。

監督として、そして阪神ファンとして、パレードの行進を終えて岡田は言う。「やっぱり勝たなあかんのよ。ファンが本当に望んでいるのは優勝よ」

歓喜する「同志」たちに囲まれ、連覇への決意を胸に刻んだのである。

球道一筋

岡田が色紙に添える座右の銘「道一筋」は、元は村山実の言葉だった。生まれ育った大阪・玉造の実家の居間に飾られていた村山のサイン色紙にあった。

本当は「球道一筋」と書いてあった。

2003年オフ、阪神監督に就任する際、「毎日見える所に飾ってあった」という子どもの頃の記憶から拝借することにした。「ただ、そのままでは失礼なので〝球〟の一文字を外した。〝球〟には〝王〟が入っている。〝球道〟は〝王の道を求める〟と読める。てっぺんに立っていない自分にはおこがましいと思った」

目指していた日本一になった。「やっと実現できた。区切りよく、新年から変えようと思っている」。2024年の座右の銘は「球道一筋」に変わる。

〈自分には自分に与えられた道がある〉と松下幸之助のロングセラー『道をひらく』（PHP研究所）にある。〈自分だけしか歩めない大事な道ではないか。自分だけに与えられているかけがえのないこの道ではないか〉。岡田の道はもちろん、野球の道である。脇目も振らずに行く一筋の道である。〈それがたとえ遠い道のように思えても、休まず歩む姿からは必ず新しい道がひらけてくる。深い喜びも生まれてくる〉

野球は人生に似る。では、人は何のために生きているのだろうか。司馬遼太郎の『竜馬がゆく』で坂本龍馬は「事をなすためじゃ」と語っている。先代の選抜高校野球大会歌『陽は舞いおどる甲子園』を作詞した詩人・随筆家の薄田泣菫は「なすべきことをなすため」と答えている。

岡田にはまだ「なすべきこと」が残っている。２０２４年は2リーグ制で球団史上初となる連覇に挑む。自身の後継者育成もある。それに何より、野球を極める作業がある。

「職人ですね」と妻・陽子は言う。「自分がこれまで得てきた野球の技術や知識などをできる限り選手たちに伝えてあげたいと思っているようです。自分の指導で選手たちがうまくなっていくのがすごく嬉しいようですね」。師匠から弟子へ技を引き継いでいく。岡田は伝統を継承する職人のような日々を生きている。

チームスローガンを「アレ」発言から「A.R.E.」とし、「R」に「Respect」の意味を持たせた。先人を敬うことだと、吉田義男らOBに相当に喜ばれた。伝統を重んじる姿勢は、幼い頃から村山や三宅秀史、藤本勝巳ら多くの先人と交わってきた岡田らしい。

前回、監督を務めた期間は5年間だった。連続6年ならば、阪神球団史上最長だった。そんな話を向けると「何言うてんねん」と静かに強く反論した。「そんなもん、長いタイガースの歴史からすれば、監督の期間なんてほんの一コマに過ぎんよ」。個人の前にチームがある。岡田はタイガースという老舗球団の偉大さを分かっている。

長くドジャースで過ごしたトミー・ラソーダが「(私の体を)切ってみろ。ドジャーブルーの血が流れるだろう」と言った。岡田には猛虎の黄色い血が流れているだろう。

❖

❖

昨秋の日本シリーズ期間中、試合のなかった日が2日あった。第2戦の翌日は甲子園球場で練習中、母校・早大が戦う早慶戦の経過を気にしていた。第5戦の翌日は自宅で高校野球秋季近畿大会のテレビ中継を見ていた。野球以外で何か楽しみはあるかと聞けば「別にないなあ」と笑っている。

野球を極めるなか、求めるのはもちろん勝利である。どうすれば勝てるか。そんな大きな問題にこれといった答えなどない。生涯問い続けることになる。野球の道はどこまでも遠い。そんな道を行くのは苦しいこともあるだろう。いや、苦しいことの方が多いのかもしれない。それでも岡田は楽しんでいるかのようだ。

「苦楽（くるたの）しい」は小説家・遠藤周作の造語だ。臨床心理学者・河合隼雄との対談で「小説を書くというのは苦楽しいことです」と語っている。苦しくて、楽しい。河合は「苦と楽は表裏一体。幸福とは苦難がないことではない。苦難に負けないことだ」と解説している。岡田も「苦楽しい」と感じているのだろう。

晩年の松本清張がＮＨＫの番組で「歳をとって、よく人間が枯れるなどと言い、それが尊いように言われるが、私はそういう道はとらない」と語っていた。「間違っているとさえ思う。あくまでも貪欲にして自由に、そして奔放に、この世をむさぼっていきたい」

岡田も枯れてはいない。みずみずしく、生気に満ちている。情熱は衰えるどころか、その炎はますます燃えさかっている。２０２４年に向け「死に物狂いで勝ちに行く」と宣言しているではないか。

タイガースを愛し、野球を愛する岡田の「球道一筋」はこれからがおもしろい。

おわりに

勝ったからこそ見える景色がある。

長年取材してきた阪神が日本一までのぼり詰めた。頂上から麓や裾野、登ってきた道を見下ろせば、いくつも難所があったことに気づく。何度も道に迷い、遠回りした年月を思う。前回優勝の２００５年から18年、日本一は１９８５年以来38年ぶりだった。なかなか勝てず、苦しい時代を戦ってきた多くの先人の顔が思い浮かぶ。

本文で触れたが、岡田さんは「長いタイガースの歴史にあって、監督なんてほんの一コマにすぎない」と語っている。タイガースこそが偉大であり、その伝統を引き継ぐことが使命だと心得ている。今回の日本一をＯＢたちはどれだけ喜んだことか。もちろん、監督としての岡田さんの功労が大きいのだが、先人の労苦も報われたと思いたい。

スポニチの編集委員として、２００７年４月からほぼ連日、阪神を追うコラム『内田雅也の追球』を書き続けている。11字×80数行、約９５０字の囲み記事である。ナイターの長時間試合では締切に追われながら、キーボードを叩き、文字を打ちつけてきた。

今回、岡田さんの言葉を基にした本書を書く機会を得た。これまで書いてきたコラムが土台にはなっている。しかし、書く作業で言えば、新聞と本では全く異なっていた。もちろん本にも締切はあるのだが、時計とにらめっこしながらの作業ではない。時間がある分、いま一度、自分の野球に対する姿勢を見直す機会となった。自分の考えを整理することになった。岡田さんについても新たな発見と言うか、気づいたことがあった。

コラムのタイトル「追球」は「野球を追求する」という意味の造語である。野球の本質や真理に迫りたいのだが、それがいかに傲慢なことであるかは承知している。

2022年に101歳で亡くなった「スポーツ・ライティングの詩人」、ロジャー・エンジェル氏が書いていた。取材した監督や選手が〈誰ひとりとして「ベースボールというゲームのすべてがわかった」というような言葉を口にしなかった。彼らの態度から「ベースボールを征服した」というような印象を受けることもなかった〉。

野球は深い。どこまで追いかけ、掘り下げても底は見えてこない。誰もが野球の神様の前でひざまずくことになる。

それはおそらく、岡田さんも同じ感覚なのだろうと気づいた。あれほどの知将が野球の前では実に謙虚になる。「野球はこわい」と恐れ、そして畏れている。だから常に最悪の事態を想定したうえで、マイナス思考で臨んでいるのだ。

思えば、2023年の野球界は春先にワールド・ベースボール・クラシック（WBC）で侍ジャパン・日本代表が3度目の優勝を果たした。夏には全国高校野球選手権大会では慶応義塾高校が107年ぶりに優勝した。日本代表の栗山英樹監督、慶応の森林貴彦監督はともに選手に寄り添うスタイルを前面に出していた。令和の時代の新しい指揮官、監督像だと言える。

そんな流行に逆らうかのように、昭和の香り漂う岡田監督が日本一となったことに思いを巡らせる。温故知新と言うべきか。60代半ばになっても、昔流のやり方でも、まだまだやれると世の高齢者は元気を得た。いや、不易流行と言うべきか。岡田さんは根本的な考え方や信念は曲げずとも、時代や若者たちに合わせ、変化している。

慶応の「エンジョイ・ベースボール」の「エンジョイ」は何も「楽しむ」ばかりではない。英語enjoyには、楽しみばかりでなく、苦しみも自分のものとして受け容れる、享受するといった意味がある。その点では岡田さんも練習から試合まで、日々をエンジョイしているわけである。

一冊の書を書き終えたいま、少年時代を思い返している。小学校の卒業文集のテーマは『21世紀のぼくたち』だった。21世紀など、まだまだ遠い未来だった1975（昭和50）年3月、担任の先生は「2001年、自分は何をしているのかを想像して書きましょう」と言った。〈野球の記者をしている〉と書いた。野球は下手でも野球のそばにいたかった。幼いころ、実家のブロック塀の一角をストライクゾーンに定めて投げ、跳ね返ったボールを処理しながら、空想の中で遊んだ。日が暮れるまで飽きもせずに繰り返した。こんな「一人野球」は古今東西、多くの野球愛好家が経験している。岡田さんもやっていた。

現実に野球記者となり、今では現場でほとんど最年長となった。時に年齢を感じるが、弱音は吐かない。好きな野球のそばにいられるのだ。不満などあるはずもない。

先のエンジェル氏は少年時代の思い出を大切にしていた。好きな一文がある。〈素晴らしい出来事は子どもの頃だけに限ったものではない。明日取材する試合が、これまで観た試合のうちで最高のものになるかも知れないのだから〉。

こうして、球場へ足を運び、目を凝らす。野球の美しさを見ようと努める。

岡田さんの野球への情熱、タイガースへの愛情も、少年時代から培われてきたものだ。年齢がいこうが、「明日が最高の野球かもしれない」と気分を高ぶらせて球場に向かっているのだろう。まだまだ先が楽しみになる。

今回の書籍出版は駆け出し記者のころに知り合ったテレビプロデューサー、結城豊弘さんからの提案が発端だった。タイガースが快進撃を続けていた夏の長期ロード中、久しぶりに連絡があった。自身の著書を担当していたビジネス社の編集者・中澤直樹氏を紹介してくださった。執筆の過程でも有益な示唆をいただいた。岡田野球を見直す機会を与えてもらったわけで、ここに記して御礼申し上げたい。

最後になったが、自身が発した言葉の解釈という本の趣旨にも何も言わず、承諾してくれた岡田さんにまず感謝しなくてはいけない。阪神タイガースにも申し出て、承認をもらった。スポニチからは何枚かの写真を提供してもらった。

窓の外には木枯らしが吹き、枯れ葉が舞っている。陽光に輝くグラウンドに白球が舞う、やがて訪れる球春を思いながら筆をおきたい。

２０２３年12月、クリスマスの日に

内田雅也

[著者略歴]
内田雅也（うちた・まさや）
1963（昭和38）年２月、和歌山市生まれ。桐蔭高－慶大。85年、スポーツニッポン新聞社入社。アマ野球、近鉄担当から88年、阪神担当。97年、野球デスク。2001年、ニューヨーク支局(大リーグ担当)。03年、編集委員(現職)。04年から阪神を追うコラム『猛虎戦記』、07年から『内田雅也の追球』を連載。現在も継続中で通算3000回を超える。09年連載の『若林忠志が見た夢』を大幅加筆した11年出版の同名著書（彩流社）を契機に、阪神球団が若林忠志賞を創設。22年から野球殿堂特別表彰委員を務める。和中・桐蔭野球部OB会関西支部長。

知将　岡田彰布

2024年２月11日　第１刷発行

著　者　　内田雅也
発行者　　唐津 隆
発行所　　株式会社ビジネス社
〒162-0805　東京都新宿区矢来町114番地 神楽坂高橋ビル5階
電話　03(5227)1602　FAX　03(5227)1603
https://www.business-sha.co.jp

〈装幀〉大谷昌稔
〈本文組版〉有限会社メディアネット
〈印刷・製本〉大日本印刷株式会社
〈装丁・本文写真〉スポーツニッポン新聞社
〈営業担当〉山口健志
〈編集担当〉中澤直樹

ISBN978-4-8284-2602-0